動きの「感じ」と「気づき」を大切にした
体つくり運動の授業づくり

細江文利・鈴木直樹・成家篤史 編

教育出版

執筆者一覧 (50音順)

＊は編者。所属・役職は2011年2月現在

石黒 和仁　新潟県上越市立大町小学校 教諭
石塚 諭　お茶の水女子大学附属小学校 教諭
植木 夢　聖ドミニコ学園小学校 教諭
大橋 潔　広島県廿日市市立浅原小学校 教諭
栗原 知子　お茶の水女子大学附属小学校 教諭
小森 伸一　東京学芸大学 准教授
塩澤 榮一　埼玉県入間市立豊岡小学校 主幹教諭
白旗 和也　国立教育政策研究所 教育課程調査官
杉本 眞智子　神奈川県川崎市立王禅寺中央小学校 教頭
＊鈴木 直樹　東京学芸大学 准教授
竹島 昌平　広島県大竹市立大竹小学校 教諭
田中 勝行　埼玉県さいたま市立大宮東小学校 教諭
月本 直樹　鳴門教育大学附属小学校 教諭
寺坂 民明　埼玉県飯能市立富士見小学校 教諭
＊成家 篤史　お茶の水女子大学附属小学校 教諭
西 和子　広島県尾道市立向東小学校 校長
野井 真吾　埼玉大学 准教授
濱田 敦志　千葉県千葉市立稲丘小学校 教諭
早津 美香　埼玉県伊奈町立小針北小学校 教諭
＊細江 文利　前 東京学芸大学 教授
本田 祐吾　東京都板橋区立前野小学校 主幹教諭
松本 大輔　埼玉大学 非常勤講師
山崎 大志　埼玉県入間市立藤沢北小学校 教諭
湯口 雅史　徳島県徳島市八万南小学校 教諭
和田 洋一　広島県尾道市立向東小学校 教諭
綿貫 功　埼玉県所沢市立泉小学校 教諭
ロバート・ペングレージー　アリゾナ州立大学 名誉教授

本書を
故 細江文利先生
に捧げます。

編著者一同

　編者のお一人であった細江文利先生が平成22年11月30日に他界されました。
折しも11月30日は，本書の原稿最終締切日になっておりました。本書の完成を目前にして，細江先生は天国に召されてしまいました。本書の編著者は細江先生からご指導をいただきながら，成長してきたものばかりです。本書にも，いたるところに細江先生の思いと知恵が込められています。私たちは細江先生の遺志を受け継ぎ，本書を作成して参りました。日本の体育科教育をリードしてきた細江先生にとって最後の書籍となるこの「動きの『感じ』と『気づき』」シリーズは，先生の研究者人生を締めくくる大きな記念になるとも考えます。私たちは，これまで研究者・教員として細江先生に育てていただいたご恩を忘れずに，これからも職務に取り組んでいきたいと思います。そんな感謝の意味が，本書の刊行には込められています。そこで，本書を故細江文利先生に捧げたいと思います。

〈細江文利先生プロフィール〉

　細江文利先生は，昭和20年の終戦間もない10月14日に岐阜県の益田郡萩原町萩原（現在の下呂市萩原町）でお生まれになり，地元萩原で，萩原小学校，萩原南中学校，益田高等学校と過ごされました。その後，東京教育大学体育学部体育学科に進学し，昭和43年に卒業され，同大学大学院体育学研究科体育管理学専攻修士課程に進まれました。大学・大学院と宇土正彦先生のもとで学ばれ，体育経営管理，体育科教育学を研究領域とされました。大学院修了後は，同大学体育学部にて教務補佐員として勤務されました。そして，昭和49年から岡山大学に２年間勤務され，昭和51年には東京学芸大学に赴任し，講師，助教授を経て，平成４年には教授に就任されました。

　また，昭和58年からは東京学芸大学大学院修士課程を担当され，多くの学生の指導に情熱を注がれました。さらに，平成８年からは東京学芸大学大学院連合学校教育学研究科博士課程を担当され，これまでに多くの学生の博士論文の指導や審査に関わられてきました。その上，全国各地から集まった数多くの現職の長期研修生及び内地留学生を指導し，日本の学校体育をリードしていく人材を育てて来られました。細江先生の人間味ある温かで優しいご指導のもとで，数多くの研究者，教師，その他の優れた人材が育てられて参りました。

　細江先生の研究は，実践の中にこそ真理があるという信念のもと，授業実践を重視し，理論と実践との相互作用を大切にした授業づくりを進めてこられました。これらの考え方は，青木真先生・品田龍吉先生・池田延行先生とご一緒に著された『こども・せんせい・がっこう』（大修館書店，1990年）をきっかけとして，『子どもの心を開くこれからの体育授業』（大修館書店，1999年）の中でも整理して提案され，以来，「共生を鍵概念とした体育授業」づくりを目指した研究を続けてこられました。これらの研究は，教え子たちにも語り継がれ，今や細江先生の考え方を受け継ぐ多くの研究者や実践者が育ってきています。

　東京学芸大学在任中には，平成13年から３年間，現芸術・スポーツ科学学系長である第４部部長，平成16年から４年間，附属図書館長といった要職に就任されるなど，全学的な視野から大学運営にも幅広くご尽力されました。

　先生の研究領域は，体育科教育学と体育経営管理学です。先生は，平成10年，平成20年に改訂された小学校学習指導要領体育科の調査研究協力委員としても活躍され，現在の学校体育の礎を築いてこられました。また，体育・保健体育科の教科書・副読本の執筆にも尽力され，学校体育に大きな影響を与えてきました。その他，数多くの書籍を著し，学校体育に関わる日本中の先生方の授業づくりの道標ともなってこられました。そのため，細江先生を慕う先生方は日本中に数多く広がり，各地の授業研究会や講演会に講師として招聘され，細江先生独自のアイディアを発信し続けてこられました。

このように，名実ともに日本の体育科教育学を代表する研究者であった細江先生は，平成19年からは日本体育科教育学会の会長に就任し，日本の体育科教育学の発展にも多大なる貢献をなされました。また，国内のみならず海外との連携関係も大切にされ，平成20年には，細江先生が中心となって，アメリカ健康体育レクリエーションダンス連合の北西部地区と日本体育科教育学会が提携を結びました。平成22年9月には，米国から前会長と元会長が来日し，日本の学会へ参加されました。細江先生は，体育を通して世界がつながり協働することができる場づくりに取り組まれ，それが少しずつ実を結び，体育科教育学の分野において日本と外国の交流が徐々に広がって参りました。このように細江先生のリーダーシップは国内のみならず，世界へも広がりつつあったところです。

　さらに，平成20年からは，スポーツ振興助成審査委員会の委員長代理として，スポーツ振興基本計画に基づくスポーツ振興政策の一環としてのスポーツ振興助成事業にも関わってこられました。

　これらの活躍に見られるように細江先生は，日本の重要な施策に関わる中心的な立場としてご自分の専門とされる体育科教育学と体育経営学の知見を生かしてこられました。

　もちろん，細江先生のご活躍は，学外のみならず，学内でも同様であり，特に細江先生の授業は学生にとって大変魅力的なものとなっていました。細江先生の授業は，ご自分の考え方を反映するかのように，単なる一方通行に終わらない，学生主体の雰囲気のよい授業であるところが特徴でした。時折，先生の口から発せられる知的好奇心をくすぐる言葉に，学生たちは，いつの間にか夢中になって探究的な活動を開始し，時を忘れて授業の時間を過ごしました。先生の授業は，学校教育現場で指導されてきたことを自身で実践されているようなものでした。

　細江先生は，今年度（平成22年度）が定年退職のご予定であり，3月16日には退職記念行事の実施が決まっていました。東京学芸大学での集大成の年とするために，積極的に多くの学校に出かけ，研究授業の講師や講演を引き受けるなどして，30年以上にわたる東京学芸大学での職務のメモリアルイヤーにしようと努めていらっしゃいました。そして，来年度以降も教員養成に新たな形で関わっていこうと心に決められたところでした。

　今は，あまりにも突然の細江文利先生のご逝去の報に，ただただ驚き，立ち止まっています。しかし，細江先生ならきっと「何をやっているんだ，前進あるのみ」とおっしゃるのではないかと思います。私たちにできることは，細江先生の遺志を継ぎ，よりよい体育教育の実践を広げていくことであると思います。先生のこれまでの功績をもとに，これからも先生の教えを受けたものが集い，そしてつながりを大切にしながら一致団結して努力していきたいと思います。

（平成23年2月）

はじめに

「昔はよかった……」

そんな言葉を発したことはありませんか？　また，よく耳にしませんか？　私は，学生と話をするときに，「昔は……」と口にしてしまうことがあります。自分が教員になったばかりのころや，幼少期のころの出来事を，今と比べて「よかった」と暗示したメッセージを送っているように思います。

それでは，皆さんは，昔の生活に戻ることが選択可能ならば，今よりも昔を本当に選択しますか？　私は，「はい」と言い切れません……というより，戻らない選択をすると思うのです。私と同じような選択をする人も多いのではないでしょうか？　今だからこそ，昔を「よかった」と言えるような気がします。

布施克彦が著書『昭和33年』（ちくま新書，2006）の中で，日本人の性向を「昔はよかった症候群」と「未来心配性」が一体となった国民性であると表現しています。今日のように混沌とした世の中にあって，未来が予測できない将来への心配を増長させている時代にあって，「昔はよかった症候群」が日本人の社会心理となっているように思われます。今を心配なく生きている私たちは，「今」生活できている安心を，「昔」の自分の経験に根拠づけています。一方で，未来への心配が膨らみ，「今」に不安を感じ，「昔はよかった症候群」が増えていると推測されます。

そのような「今」を生きている私たちがよく耳にする言葉に，次のようなものがあります。

「今の子は体格がよくなっているのに体力が低い（昔の子は，今の子よりも体格に恵まれていなかったのにたくましかった）」

体力低下が強く叫ばれるようになって久しいと思います。毎年，体育の日の

はじめに

　新聞に大きく掲載される体力テストの結果は，その多くが「危機的状況」などと報道されます。たしかに体力値が，昭和60年代の数値に比べて下降してきていることは確かです。学習指導要領の解説にも，「体力低下が危機的状況」と述べられています。そこで，子どもへの教育的愛情たっぷりの教師たちは，「これはいけない！　何とかしないと……」と，子どもを鍛えはじめます。本当にこれで，未来の心配は解消されるのでしょうか？

　私は，体力テストの数値が高ければ，健康になり，積極的に学ぶようになるということに対して懐疑的です。しかし，アカウンタビリティやレスポンシビリティが問われる現代にあって，対外証明としての成果を体力値や運動能力に求める傾向があるようです。それが，露骨に表れるのは，「学校保健委員会」などという場所です。この数値を根拠にして，「自分の学校の子どもは走力が劣っている，投力が劣っている」などと，それを向上させる根拠について吟味することなく，平気で真剣に語っています。直接的に，体力値を高めることの努力を惜しまず，他の学校やクラスと競争し合う……。なかには，学級の児童全員に，平均を超えることをスローガンにして，何度も繰り返し体力テストに取り組ませるような先生もいるようです。これでは，ますます学校体育の目標の大前提となっている「心と体を一体としてとらえ……」には迫ることができないのではないでしょうか？　数字で語るのではなく，子どもの姿で語ってほしいものです。そんな中で，心に残る言葉に出会ったことがありました。それはある小学校の校長先生の言葉です。

　「うちの学校の子どもは，とにかく外遊びが好きなんです。休み時間になると校庭で汗をいっぱいかいて運動して遊んでいる。こんな遊べる子が育ってきたのは体育の成果です。体力なんていわれている力は後から付いてきますよ……。私たちは，そんなものを付けるために教育しているんではない。子どもがよりよく成長するために教育をしている。こうやって力いっぱい全力を尽くして戯れ遊ぶ，仲間たちと交わる姿は大事だと思いませんか？」

　こんな言葉を聞いた小学校教師として勤務していた当時の体育会系体育主任

の私は,「体育は遊びではない」ということと,「体力値や技能向上が目に見えてわからないとダメだ」と心の中で思って,批判的にこのような言葉を受け取っていたように思います。私は,体育の学びは目に見える,と思っていたのです。

　しかし,あるとき,びっくりさせられるような二つの研究結果と出会うことになります。それは,平均値でみれば,今の子どもの体力は昭和40年ころに比べて劣ってはいないという研究結果と国際競技者レベルの者は他に比べ不健康である傾向にあり,運動の継続性は低いという研究結果でした。私たちは,「より速く,より高く,より強く」を標榜し,子どもたちがそうなっていくことで,運動に積極的に取り組み,健康を維持増進できると信じてきたのではないでしょうか？　ですから,動きが「できるようになる」こと,動きの性能を「高める」ことによって,運動に積極的に取り組む者とそうでない者の二極化現象を克服できると疑いもせずに信じてきたのではないでしょうか？

　私には小学校６年生の娘がいます。運動能力,体力ともに,数値からすると「中の下」です。いわば,「体力が低い」女の子です。しかし,あるとき,部屋に無造作に落ちていた彼女のプロフィールを見てびっくりしました。そこには好きなこと……「外遊び」とあったのです。たしかに,予定が詰まっている平日でも,ほんのわずかしか時間がなくても友だちを誘って遊びに行きます。先日は,電話して10分だけ遊んで汗だくで帰ってきました。そして,すぐに次の予定へと移りました。ビデオゲームを持っていないこともあってか,休みの日もだいたい私を誘うのは,ブレイブボードや縄跳び,ボールを使っての遊びです。とても遊び上手なのには感心させられます。私は,彼女に誰よりも速く,誰よりも高く,誰よりも遠くに,誰よりも強く,運動の成果を残すことなど全く望んではいません。週に２回は大好きなバレエに取り組み,外遊びが大好きなその姿が,彼女の運動とのかかわりの豊かさを象徴しているように感じています。幸い,先生方に恵まれ,人と比較して頑張れ頑張れと追い込まれることなく,自分の精いっぱいの力の発揮と運動の場への参加の仕方を学んできたようです。これも学校教育の成果と感謝をしています。おかげさまで健康そのもので,学校もほとんど休んだことがありません。

はじめに

　なぜ，運動が得意でもない彼女が運動することが好きなのでしょうか？　こんなことに疑問を抱くとしたら，それは，体育の成果は体力値の高さと技能の高さにあると考えているからでしょう……。運動が好きである権利や資格は，運動能力や体力値が高い者だけに与えられるものではなく，全ての者に平等に与えられているはずです。私たちは心のどこかに「速く，高く，強く」を希望として抱いてきたのではないでしょうか？

　彼女は，運動する快感覚を味わっています。そのおもしろさにふれてきたのです。他人と競い合う道具としてではなく，動くことのおもしろさを体験する場として運動を経験してきたのです。このように，「多様な動きをつくる運動」や「体力を高める運動」は人の体を改造することではなく，人がよりよく運動とかかわり，動きのおもしろさを味わう基礎をはぐくむことであると考えます。それ故に，動きの「感じ」を大切にし，そこから「気づき」，学びを履歴づけていくということが大切であると考えます。これが，本書を手掛けようと思ったきっかけです。

　本書は，私たちが授業実践の中で実践から得た声としての「理論」と，その声を使って発信している「実践」を編み込むことで，授業づくりの手がかりを示そうと試みた書です。そこで，以下のように構成しています。

　第1章では，「体つくり運動」の方向性を展望した上で，これまでの研究成果から得た知見を整理しました。

　第2章では，基本的な授業づくりに必要な考え方を示しています。

　第3章では，日々授業実践に取り組まれている実践者の課題を把握し，執筆者が共に授業実践を取り巻く課題を解決するために，Q＆A形式をとっています。ここでは，実際に実践者にアンケート調査を実施したことをもとに質問を設定し，それに対する回答を提示した上で，その回答が実践でどのように機能したのかについて実践者から感想をもらいました。

　第4章では，第1章，第2章で示した理論的な考え方に基づいた授業づくりを紹介してあります。この授業実践は，日ごろから研究を共にしている実践者を中心に執筆者を選定し，授業づくりにあたっての検討会を行って編者らと研

究協議をしたことに基づいて授業を実践したものです。そのため，理論編とこの実践編は有機的に関連しており，読者が本書の考え方を理解し，自らの授業づくりを行うことを助けてくれると思います。

　第5章では，こうした授業づくりを支えるポイントをまとめています。

　読者はそれぞれの興味・関心にしたがって，お好きな章から読み進めていただくことが可能です。それぞれの章を読みながら理解したことを有機的に関連づけながら，授業実践につなげていただければと願っています。

　なお，「体つくり運動」は，「ア　体ほぐしの運動」と「イ　多様な動きをつくる運動（遊び）／体力を高める運動」から構成されていますが，本書では，平成20年に告示された学習指導要領において「体力の向上」ということが示され，低学年から「体つくり運動」が導入されたことを背景にしながら，主に「イ　多様な動きをつくる運動（遊び）／体力を高める運動」に焦点を当てることとし，「ア　体ほぐしの運動」については原則的に取り扱わないこととしました。

　本書の目的は，実践者であるみなさんの新しい授業づくりの第一歩を支援することです。さあ，みなさんの授業実践の新しいステージへの扉を開いてください。

（編者：鈴木直樹）

目　次

はじめに

第1章　今，求められる「体つくり運動」とは？
　　　　──米国の研究動向から探る ──────────────── 1

　(1) 米国の学校体育が大きく変わった　2
　(2) 成果の捉え方の転換　2
　(3) 体育における新しい視点　5

第2章　「体つくり運動」の授業づくりの基本的な考え方 ── 9

　1　動きの「感じ」と「気づき」を大切にした体育授業
　　　──運動の意味生成過程に注目して ────────────── 10
　　(1) 体育の学習観の転換　10
　　(2) 学びの中核となる動きの「感じ」　11
　　(3) 「楽しい」から「おもしろい」へのパラダイムシフト　14
　　(4) 動きの「感じ」と「気づき」を大切にした体育授業を目指して　15
　2　これからの体育授業で押さえるべきポイント ─────── 18
　　(1) 学習指導要領の改訂の趣旨　18
　　(2) 体育科における改訂の内容　19

(3)「体つくり運動」のねらいとポイント　22
　3　動きの「感じ」と「気づき」を大切にする「体つくり運動」の内容
　　　　——動きが生まれる！　動きが広がる！　動きがつながる！——　25
　　(1) 低学年・中学年の「体つくり運動」　25
　　(2) 高学年の「体つくり運動」　28
　　(3) 体力の向上に向けて　30
　4　動きの「感じ」と「気づき」を大切にする「体つくり運動」の展開 —— 33
　　(1) 動きの「感じ」と「気づき」を大切にした学習過程　33
　　(2) 運動の動きの「感じ」のおもしろさを大切にした学習過程　35
　　(3) 動きの「感じ」と「気づき」を大切にした学習形態　36
　5　動きの「感じ」と「気づき」を大切にする「体つくり運動」の学習評価
　　　　——New PDCA（Procedure-Dig-Change-(be)Aware）サイクルから考えよう！—— 41
　　(1)　学習評価の「これまで」と「これから」　41
　　(2)「これから」の学習評価を実践してみよう！　43
　　(3)「学習評価」から「学び評価」へ新しい"PDCA"サイクル　46

第3章　「体つくり運動」Q＆A——現状と課題を踏まえて ———— 49

　1　現状と課題①——「体つくり運動」に関する教員の意識調査結果 ———— 50
　2　現状と課題②——「体つくり運動」の実践に対する現場の実感と実際 ———— 53
　3「体つくり運動」Q＆A ———————————————————————— 55
　　Q1「体つくり運動」と他領域の違いを教えてください。　55
　　Q2「体つくり運動」の系統性について教えてください。　57
　　Q3「多様な動きをつくる」ための具体的な方法を教えてください。　59
　　Q4「体力を高める運動」が単調にならないための工夫を教えてください。　62
　　Q5　どのようにしたら効果が上がるか教えてください。　64
　　Q6　個人差にどのように対応したらよいか教えてください。　66
　　Q7「体つくり運動」の評価の仕方を教えてください。　69

第4章 「体つくり運動」の授業実践 ——— 73

実践例の読み方 ——— 74

実践例1〔低学年①〕
"いろいろなリズムで，走ったり跳んだりしてみよう！"
（体を移動する運動遊び）——— 76

実践例2〔低学年②〕
"投げてみよう・向こうまで行ってみよう"
（用具を操作する運動遊び・体のバランスをとる運動遊び）——— 82

実践例3〔低学年③〕
"おもしろワールド「力いっぱい・グラグラの巻」"
（力試しの運動遊び・体のバランスをとる運動遊び）——— 88

実践例4〔低学年④〕
"玉と遊ぼう・ミニ綱ワールド"
（用具を操作する運動遊び）——— 94

実践例5〔中学年①〕
"グラグラドキドキ「竹小フレンドパーク」"
（体のバランスをとる運動・用具を操作する運動）——— 100

実践例6〔中学年②〕
"「ペアペアペアー」——2人で動く感じって？"
（基本的な動きを組み合わせる運動）——— 108

実践例7〔中学年③〕
"支えて・比べて，パワー発見"
（力試しの運動）——— 114

実践例8〔中学年④〕
"みんなで動こう「は・ほ・そう・ちょう」"
（体を移動する運動）——— 120

実践例9〔中学年⑤〕
"なわナワワールド"
（体を移動する運動・用具を操作する運動）——— 126

実践例10〔高学年①〕
"「体力工場！」──巧みな動きを高めよう！"
（巧みな動きを高めるための運動）──────── 132

実践例11〔高学年②〕
"The「タクミ」world"
（巧みな動きを高めるための運動）──────── 141

実践例12〔高学年③〕
"グラグラ ハラハラ Ｇボール"
（巧みな動きを高めるための運動）──────── 148

実践例13〔高学年④〕
"じぶんをワッショイ みんなをワッショイ"
（力強い動き及び動きを持続する能力を高めるための運動）──── 154

第５章　授業づくりのポイント ──────── 161

1　学びは「感じる」ことから拓かれる！──"おかしさ"の克服を目指して ── 162
　（1）"実感"調査が教えてくれたこと　162
　（2）"事実"調査が教えてくれたこと　164
　（3）"感じて・知って・考える"仕かけを！　167
2　「体つくり運動」の授業で大切にしたいこと ──────── 169
　（1）授業づくりのために　169
　（2）授業をつくる　170
　（3）おわりに　174
3　「からだ」が感じて「からだ」が動く
　　──体験活動からの「体つくり運動」へのアプローチ ──────── 175
　（1）はじめに　175
　（2）活動の実際　177
　（3）おわりに　182
4　個人的実践から集団的実践へ ──────── 183
　（1）手段としての集団化　183

(2)　教材としての「新体操」　184
　(3)　授業の流れ　185
　(4)　学びの変化　186
　(5)　おわりに　188
5　教材開発はこうやって行う！ ─────────────── 190
　(1)　「感じ」と「気づき」を大切にした教材開発　190
　(2)　低学年　193
　(3)　中学年　195
　(4)　高学年　198
6　「体つくり運動」における指導上の留意点5か条！ ─────── 202

あとがき

ちょっと一息

変化した子ども⁉　8
小学生の発達的特性　17
「体力」って何？──「技能関連体力」と「健康関連体力」　24
「多様な動き」って何？　31
「ワークショップ」の学びとは？①──コンセプト　39
「ワークショップ」の学びとは？②──授業実践　40
子どもの体力の現状と課題──みせかけの数字とつくられた言説　48
「コーディネーショントレーニング」とは？　72
「SP運動」とは？　119
「4 Part Lesson Plan」とは？　153
「フィットネス教育プログラム」とは？　160
「感覚的アプローチ」とは？　189

第 **1** 章

今，求められる
「体つくり運動」とは？
──米国の研究動向から探る──

(1) 米国の学校体育が大きく変わった

　米国では，第一次世界大戦下において強健な兵士の育成を求めた一方で，第二次世界大戦下において，身体的に特別なケアが必要なプログラム開発に関心が向けられるようになりました。それは，学校体育にも影響を与え，強健な身体の育成から健康な身体の育成へとその役割が変化していきます。また，Kraus (1954) の研究によって米国児童の筋力と柔軟性がヨーロッパの児童に比べて劣っていることが明らかになり，これをきっかけにして，Physical Fitness Movement（以下，「体つくり運動」と表記します）が生まれました。時を同じくして，「体力とスポーツに関する大統領諮問委員会」が，全国民の体力の改善を目的として設立され，体力に関するテスト（体育の時間に最低年間2回は実施されている）が開発されました。しかしながら，このテストで設定された期待値は達成されてこなかったのが現状であり，児童が必要である成果を達成していないと体育は批判されてきました。すなわち，1950年代から60年間も，体力向上は強調されつづけ，体育にそれが求められてきたのです。一方で，この取り組みとは裏腹に，「運動を積極的に行わない過体重の国民」の増加を招いてしまったのです。つまり，体力向上の推進は失敗してきたといえます。いまや米国の疾病管理予防センターが，現在の児童世代は，親の世代よりも運動機能低下によってもたらされる病気のために寿命が短くなる，とまで予想するほど危機的な状況になってしまいました。

(2) 成果の捉え方の転換

　「体つくり運動」は，直接的に体力を高めることを中心にして考えられてきました。しかし，私は次のような疑問を抱えながら教育に携わってきました。

> 全ての児童が一定の体力基準に到達することを期待することは現実的であろうか？

　Payne & Morrow (1993) は，思春期前の児童では，持久力は急激には変化

しないと結論づけました。この研究結果により、トレーニングとその効果の関係性が希薄であることから、反復練習によって身体を鍛える伝統的な練習に疑問が呈されることとなりました。そして、運動生理学的な研究が進むにつれ、体力発揮には、「遺伝」と「身体的成熟」が強い影響[1]を与えることが明らかになりました（Bouchardら、1992；Bouchard、1999；Pangrazi & Corbin、1990）。

教育可能性の違いは遺伝[2]によって大きく影響されてしまいます。それは、特定の児童が他の児童以上に体力トレーニングから恩恵を受けることにつながってきていたわけです。

> 例）
> 　2人の児童（A，B）が同時期に、同じ活動量の運動を行った。Aは遺伝的にすばやく運動に適応できる性質を受け継ぎ、Bよりも早く体力の大きな変化をみせた。Aは体力得点を高め、「活動はうまくいった」という肯定的なフィードバックを得、Bは体力得点はあまりよくなく、少しの肯定的なフィードバックを得、「活動は自分の体力を改善させない。なぜ…？」と思い悩む。その結果……。

すなわち、遺伝という要因を配慮しないことによって、児童のモチベーションに大きな影響を与え、ある児童の体力や身体能力の高低に大きく影響しています。

また、幼少期の児童の成長には大きな差があります。年齢は、身体の成熟を適切に反映しているわけではありません。したがって、「身体的に未成熟で活動的な児童」が、「身体的に成熟している活動的でない児童」よりも体力段階が低いことがあります（p.17「ちょっと一息」を参照）。したがって、「体力発揮は、活動量を反映すると考え、活動的な児童は得点が高く、そうでないものは得点が低い」という仮説は正しいとはかぎりません。先行研究でも、体力と身体

---

1) 栄養の摂り方や児童を取り巻く環境などの環境的要因も強く影響する。
2) 運動する能力に関する筋肉（速筋・遅筋）や骨格の性質は遺伝されていくこと（遺伝形質）が明らかになってきている。この遺伝形質は変えることができない。体力や技術、知識は後から身に付けるもの（獲得形質）であり、これは学習によって獲得される。

活動の関係性が低いことが明らかになっています（Pateら，1990；Pateら，1987；Rossら，1987）。それ故に，体力テストを授業で利用するのであれば，他者と比較して評価すべきではないのです。

　したがって，日本の授業でもしばしば見かけますが，体力テストの平均値と比較して各児童の体力を評価していくことは望ましいとはいえません。それどころか，遺伝的な性質や身体成熟の違いに配慮せず，授業プログラムを実施し，評価していった結果，成長する可能性の芽を摘んでしまうことさえある[3]ことを教師は認識すべきです。それに代えて，自己の成果を自己評価し，履歴として残し，学習に生かすべきなのです。表1-1をご覧ください。この米国民の現状からも，児童に活動的で健康的なライフスタイルを体育で学ばせていかなければならないことは明白です。

表1-1　身体活動にかかわる米国民の現状

1．過体重の青年が30年前の3倍以上になっている（USDHHS，2002）。
2．過体重の児童が過体重の成人に成長する傾向にある（Guoら，1994；Mustら，1992，Whitakerら，1997）。
3．学校で児童の身体活動を増やすことは，学業成績を下げることなく，健康改善につながる（Trudeauら，1998，Sallisら，1999）。
4．身体活動は即座に短期間で健康上の恩恵を児童にもたらす（Bar-Or，1995，Baileyら，1996）。
5．活動的な児童ほど活動的な成人に成長する可能性が高い（Telamaら，1997）。一方で，活動的でない児童は活動的でない大人に成長する可能性が高い（Raitakariら，1994）。

---

[3] 松村（2006）はサッカー選手と陸上短距離選手の生まれ月分布は，年度の前半（4-9月）に偏在していることを示唆し，学年を単位としてチーム編成をすることで，生まれ月の差によって生ずる運動発達の相対的な年齢効果が生まれていることを明らかにしている。これは，年度前半に生まれた児童の方が一般的に身体成熟が早く，動機づけや運動機会などにおいて年度後半生まれの児童よりも多くの恩恵を得ているということである。

(3) 体育における新しい視点

　教育は，知識・技能だけに偏ることなく，感情・徳性などの発達成長を目指す全人教育であります。この基本となるものは，健やかな身体といえます。故に，身体を投企して学ぶ体育は教育の鍵となるとさえ，いえます。多くの人々は，教育において知的教養に対し，高い価値を与えています（身体的教養の価値は低い）。しかし，心と体を一体とした調和のとれた「全人」教育を進めるには，この考えを改め，「知的教養と身体的教養の両方を高く評価する」学校へと変革をしなければなりません。

　したがって，単に体育教師は，児童の体力づくりと児童にスポーツの技能の指導をするだけでは不十分です。教師は，児童が体育のみならず，始業前，放課後，家庭，ウィークエンドに積極的に活動することを支援し，児童の活動量を向上させなければなりません（図1-1に示すように体育は児童の全活動の約10％にすぎないのです）。

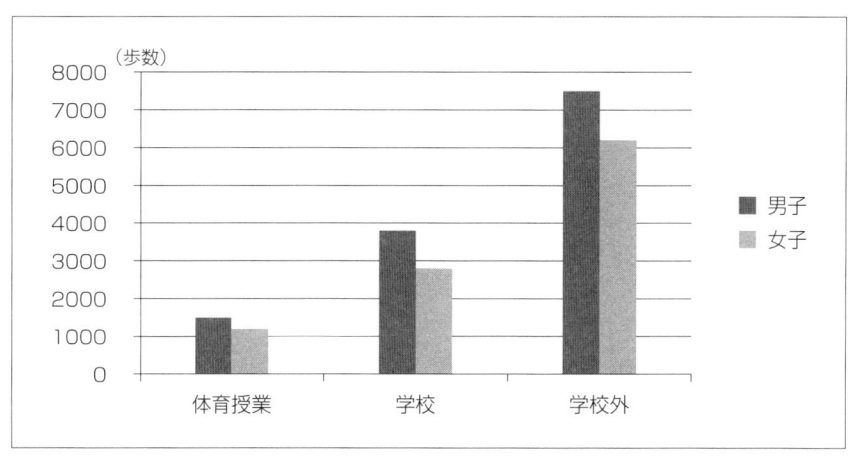

図1-1　児童の1日の活動量（Morganら，2003）

　また，体育の授業以外で，学校には少なくとも1日2回の15分以上の休憩時

間が必要です。ある研究では，この15分間で1200から1400歩の活動量があったことが報告され，たった15分間で１日の推奨される運動量の10%を確保することも可能です（President's Active Lifestyle Award, 2006)。Baileyら（1995）は，この休憩時間に全力で活動し，休息するといった断続的な身体活動が成長ホルモンを刺激し，最適な成長を促すと示唆しています。Tudor-Locke & colleagues (2006) は，40分間の昼休みに少年が2521歩，少女が1913歩の活動をしたことを明らかにしました（推奨される運動量の約20%）。さらに，Pellegriniら（1995）は，授業の合い間に短い３～５分の休憩時間を提供することによって，ルールを守らなかったり仲間に迷惑をかけたりする不良行動を減少することができることを見出しました。加えて，これは特に女子の身体活動を活発にする効果的な方法であることを明らかにしました（Ernst & Pangrazi, 1999；Pangraziら, 2003)。児童が身体活動をすることができる休み時間は，学習を一層効果的にすることにつながっています。それは，身体が学習する児童の基盤であり，「全人」教育の根幹をなしているからです。

　以上のことから整理すると，鍛えあげる体育ではなく，身体活動を保障し，それは「全人教育」と捉え，活動を通して感じ，広げ，深めることこそが重要です。

（ロバート・ペングレージー，鈴木直樹）

〈参考文献〉
Anspaugh, D. J. & Ezell, G. (2004). Teaching today's health. San Francisco: Benjamin Cummings.
Bailey, R. C., Olson, J., Pepper, S. L., Porszaz, J., Barstow, T. J., & Cooper, D. M. (1995). The level and tempo of children's physical activities: An observational study. Medicine and Science in Sport and Exercise, 27 (7), 1033-1041
Bailey, R. C., Olson, J., Pepper, S. L., Porszaz, J., Barstow, T. J., & Cooper, D. M. (1995). The level and tempo of children's physical activities: An observational study. Medicine and Science in Sport and Exercise, 27 (7), 1033・041
Bar-Or, O. (1995). Health benefits of physical activity during childhood and adolescence. Physical Activity and Fitness Research Digest, 2 (4), 1-6
Bouchard, C. (1999). Heredity and Health Related Fitness. In C. B. Corbin, & R. P. Pangrazi, (Eds.). Toward a Better Understanding of Physical Fitness & Activity. Scottsdale, AZ: Holcomb Hathaway Publishers.
Bouchard, C., Dionne, F. T., Simoneau, J., & Boulay, M. (1992). Genetics of aerobic and anaerobic performances. Exercise and Sport Sciences Reviews, 20, 27-58
Ernst, M.P. & Pangrazi, R.P. (1999) Effects of a physical activity program on children's activity

levels and attraction to physical activity. Pediatric Exercise Science, 11, 393-405
Guo, S. S., Roche, A. F., Chumlea, W.C., Gardner, J. D., & Siervogel, R. M. (1994). The predictive value of childhood body mass index values for overweight at age 35 y. American Journal of Clinical Nutrition, 59, 810-819
Kraus, H. & Hirschland, R. P. (1954). Minimum muscular fitness tests in school children. Research Quarterly, 25, 178-187
松村秋芳（2006）「生まれ月の差によって生じてくる運動発達の相対的年齢効果を解消する方法」『埼玉体育スポーツ科学』第2巻
Morgan, C. F., Pangrazi, R. P., & Beighle, A. (2003). Using pedometers to promote physical activity in physical education. Journal of Physical Education Recreation and Dance, 74 (7), 33-38
Must, A., Jacques, P. F., Dallal, G. E., Bajema, C. J., & Dietz, W. H. (1992). Long-term morbidity and mortality of overweight adolescents: A follow-up of the Harvard Growth Study of 1922 to 1935. New England Journal of Medicine, 327, 1350-1355
Pangrazi, R. P., Beighle, A., Vehige, T., & Vack, C. (2003). Evaluating the effectiveness of the State of Arizona's Promoting Lifestyle Activity for Youth program. Journal of School Health, 73 (8), 317-321
Pangrazi, R. P., & Corbin, C. B. (1990). Age as a factor relating to physical fitness test performance. Research Quarterly for Exercise and Sport, 61 (4), 410-414
Pate, R. R., Dowda, M., & Ross, J. G. (1990). Association between physical activity and physical fitness in American children. American Journal of Diseases of Children, 144, 1123-1129
Pate, R. R., & Ross, J. G. (1987). Factors associated with health-related fitness. Journal of Physical Education, Recreation, and Dance, 58 (9), 93-96
Payne, V. G., & Morrow, J. R., Jr. (1993). Exercise and VO2 max in children: A meta-analysis. Research Quarterly for Exercise and Sport, 64 (3), 305-313
Pellegrini, A. D., Huberty, P. D., & Jones, I. (1995). The effects of recess timing on children's playground and classroom behaviors. American Educational Research Journal, 32 (4), 845-864
Raitakari, O. T., Porkka, K. V. K., Taimela, S., Telama, R., Rasanen, L., & Viikari, J. S. A. (1994). Effects of persistent physical activity and inactivity on coronary risk factors in children and young adults. American Journal of Epidemiology, 140, 195-205
Ross, J. G., Pate, R. R., Caspersen, C. J., Damberg, C. L., & Svilar, M. (1987). Home and community in children's exercise habits. Journal of Physical Education, Recreation, and Dance, 58 (9), 85・2
Sallis, J. F., McKenzie, T. L., Kolody, B., Lewis, M., Marshall, S., & Rosengard, P. (1999). Effects of health-related physical education on academic achievement: Project SPARK. Research Quarterly for Exercise and Sport, 70, 127-134
Telama, R., Yang, X., Laakso, L., & Viikari, J. (1997). Physical activity in childhood and adolescence as predictors of physical activity in young adulthood. American Journal of Preventative Medicine, 13, 317-323
Trudeau, F., Laurencelle, L., Tremblay, J., Rajic, M., & Shephard, R. J. (1998). A long-term follow-up of participants in the Trois-Rivieres semi-longitudinal study of growth and development. Pediatric Exercise Science, 10, 366-377
Tudor-Locke, C., Lee, S. M., Morgan, C. F., Beighle, A., & Pangrazi, R. P. (2006). Children's pedometer-determined physical activity patterns during the segmented school day. Medicine and Science in Sports and Exercise, 38 (10), 1732-1738

U.S. Department of Health and Human Services. (2002) Prevalence of overweight among children and adolescents: United States, 1999. Center for Disease Control and Prevention, National Center for Health Statistics.

変化した子ども!?

　「今の子どもたちは……」に続く言葉，あなたは何を思い浮かべますか。私は，「昔と変わらず，みんな元気で，遊び大好き！」と答えたいと思います。

　私が園長を兼務する幼稚園。朝8時になると3・4・5歳児130名が次々に登園してきます。身支度をすませると子どもたちは，自分の目指す場所に，一目散に散らばっていきます。お話，ごちそうづくり，どんぐりころがし，的あて，銭太鼓，生け花，お団子づくり，リレーやサッカー遊び等のコーナーへ。そこでは，あれもしたい，これもしたいとイメージがどんどん膨らみ，異年齢集団によるワークショップ型の活動が展開されます。自分の好きな遊びをするために率先して準備し，遊びに没頭します。子どもたちは，楽しく遊ぶために「ルールを守る」「時には我慢も必要」「年少者のことも考える」「友達との葛藤」「自分の気持ちに折り合いをつける」「相手の気持ちを受け入れる」等，多くのことを学びます。年長者の自覚が芽生え，見習いによる遊びの広がりも見られます。

　教師は日々，「子どもは何を考えているのか。どう感じているのか。何をよりどころに，どうしたいと思っているのか」，子どもの論理で子どもを理解した上で，遊びの仕掛けづくりや環境構成をして，最後までかかわりきる必要があります。「どんぐりのころがる道をもっとおもしろくしたい！」と5歳児，「リレーがしたいと今朝は早く支度しました」と4歳児の保護者，「ベッチャーダンスが踊りたい！」とお面をつけて5歳児の動きを見つめる3歳児。居心地のよい空間，かかわり合いの中で子どもたちは心を開き，夢中になり遊びが深まっていきます。

　公開保育を参観した1年生担任が感動して一言つぶやきました。「『体つくり運動』のヒントはこの園庭にありますね」。変わったのは子どもではなく，社会や環境の変化と，なにより私たち大人のかかわり方の変化です。さまざまな課題を嘆いてばかりでは始まりません。今こそ「教育の力」を発揮していきたいものです。

（西　和子）

第 2 章

「体つくり運動」の授業づくりの基本的な考え方

1 動きの「感じ」と「気づき」を大切にした体育授業
―― 運動の意味生成過程に注目して

(1) 体育の学習観の転換

　体育における学習は，「動きの獲得」や「身体機能の向上」であると捉えられてきたといってもよいでしょう。すなわち，体力を高め，運動能力を向上させることが，体育の学力と捉えられ，この体力"値"が高ければ，運動によりよくかかわれると考えられてきました。また，過激なまでの若年スポーツ熱の高まりや利得優先の商業スポーツの拡大が，子どもの体力"値"の向上をさらにあおってきたようにも思われます。このような中で生まれる量的な体力・運動能力の違いは，小学校や中学校などの体育的環境の中で子どもに，相対的に体育における学力が高いとか低いとか感じさせることにもつながり，「運動に興味をもち活発に運動をする者とそうでない者に二極化」(文部省，1999) している現状を拡大させてきたといってもよいと思います。

　この学力観にあっては，学習とは，状況と文脈に関係なく，技術や知識を獲得することであるといえます。しかしながら，学習とは，社会的な相互作用の中で成立しており，単なる教師から児童生徒への伝達ではなく，子どもが身体を授業の場に全ての感覚を使って全身で学んでいく学習を構成していくものといってもよいでしょう。このような立場では，子どもが学習しているその事実を体育授業の場でかかわる身体による表現の行為とみなし，常に授業という場と相互作用して生成される身体に学習行為を見出すこととなります。すなわち，単に現象として捉えられる外側から可視化できる行為のみならず，その行為を支えるエネルギーになっている運動の意味の生成を重視し，学習として捉えていく必要があります。こういった立場に立つ学習は，社会構成主義や状況主義などといわれ，戦術学習はその代表的な例であるといわれます。

　なお，運動の意味とは，「自分探し」としての学習において現実性と可能性

の差異を本質とし，内発的動機づけに基づいた積極的に活動していくエネルギーとして生成され，授業におけるコミュニケーションを通し，変容しながら，学習を拓いていくといえます。簡単に言えば，自己理解に基づく「なりたい自分」が明確になり，それに向かっていこうとする，納得・了解された動機づけといえます。したがって，運動の意味によって，学ぶことは意味付与され，生きて働く力となって機能すると考えられます。

(2) 学びの中核となる動きの「感じ」

① かかわり合いとしての動きの「感じ」

　子どもたちは，運動の楽しさを味わう上で，勝敗や達成，克服の未確定性や動きの変化（動きくずし）のおもしろさを「感じる」という経験によって，心と体を一体として運動に夢中になり，没頭していきます。「勝つ」から，「できる」から楽しいのではなく，「勝つ／負ける」「できる／できない」という狭間の中で，動く「感じ」のおもしろさにふれていくことが，結果的には経験の総体として楽しさと感じられているといっていいでしょう。また，この狭間の中でプレイし，夢中になり，没頭している子どもたちは，同じような活動の繰り返しの中で，この均衡がくずれ，飽きを迎えることによって，行動を変化させようと試みるようになります。すなわち，運動することによって生まれる「感じる」ことから，運動のおもしろさにふれ，おもしろさを探求する中で，楽しさや飽和を享受し，学習を展開していくといえます。「動きの感じ」を意味する言葉として，英語では，"proprioception"（深部感覚）という言葉も耳にするようになりましたが，これは筋や腱，関節等という体のパーツの動きの感じと連動して，位置覚，運動覚，抵抗覚，重量覚により，体の各部分の位置，運動の状態，体に加わる抵抗，重量を感知する感覚であるといわれます。本書で取り上げている動きの「感じ」は，深部感覚のような部分的なものではなく，主体が他者や環境に働きかけ，働きかけられながら味わう包括的なものであると捉えています。また，この「感じ」という暗黙裡に味わっている世界が，子どもたちが異質な出来事と出会っていくことによってある種の形式化した「気づき」となっていきます。

話は変わりますが，このことを考えるために「日本人の食文化を知る」ということを例にしてみると，みんなで知恵を出し合いながら日本人同士で食事を見つめて語るよりも，外国の人と食生活を共にすることによって，自分たちの食文化の特徴は明確になり，習慣であったり，メニューの特徴であったり，その文化的な特徴は見出しやすくなります。これは，同質の集団で物事を考えるよりも異質な集団の中で考えることによって，解決の糸口を見出しやすくする一つの例といえます。こんな違和感は私たちの探求心をくすぐるものです。

② 「感じ」の差異から広がる動き

　差異から広がる動きの探求について，一つ例をあげてみたいと思います。例えば，「立つ」ということは，日常の行為になっており，「立つ」ことそのものにプレイの要素を感じる人は少ないと思います。しかし，ハイハイをしている子どもが立とうとしている姿を思い出してみてください。彼らは何度も何度も立とうとして失敗を繰り返していきながら，「できる／できない」という狭間の中で「立つ」という動きのおもしろさを味わっています。それは，立つ練習でもなく，歩くための準備として立つのでもなく，立つという動きの「感じ」に動機づけられ，立とうとしているのです。手と足をつけて地面に立つという生活から二本足で立とうとしているのは，私たちの環境と人との社会的相互作用にほかならないと思います。その中で，立つことに意味が付与され，彼らは立とうとし，やがて「立つ」という意味構成をし，立つようになるといえます。

　この例にも見られるように，体育授業における子どもの行為や意味の生成は，「感じる」ことによって促され，「感じる」ことによって変化していくといえます。例えば，体が動く「感じ」との関連から，運動していることへの「気づき」が生まれ，運動の意味が付与されていきます。このことによって，子どもたちは，「いま」の自分と「これから」の自分の中で，運動することへ意味を付与し，それは学習の大きなエネルギーとなっていきます。

③　場を生み出す動きの「感じ」

　また，「感じる」ことによる運動の楽しさの享受は，体育授業におけるかかわり合いにおいて生まれているといえます。かかわり合いによって体育授業に

「場」が生まれ，その「場」が子どもを運動の楽しさにふれさせることにつながります。そのかかわり合いは，主に，モノの知覚による運動行為であったり，教師の指示による運動行為や仲間の運動への共感による運動行為であったりします。つまり，体育授業において学習者が，教師や仲間，教材・教具，環境に働きかけ，働きかけられることによって，その「場」を，楽しさを享受できる「場」に組み換え，運動の行為を生み出しているといえます。すなわち子どもたちは，仲間やモノと学び合う学習を通し，「感じる」という体験を基盤にしながら学習を展開し，学習することを仲間と共に生み出しているのです。このように考えてみると，学習内容の異なった側面が見えてきます。

④ 学習内容としての動きの「感じ」

「体育の学習内容は何か？」と問われたら，皆さんは何と答えますか？ 頭にパッと浮かぶのは，逆上がり，二重跳び，台上前転などの動き方ではないでしょうか。つまり，私たちが通常，目にすることのできる動きの"形"を身に付けることを，体育の学習内容と捉えるのが一般的ではないでしょうか。これは，体育における社会的学習でも例外ではありません。「友だちと仲良くする」「敗けても勝者を称える」「得点したときは共に喜ぶ」「自分がゲームに出ていないときは一生懸命応援する」といったように，かかわる"形"を身に付けさせているといえるのではないでしょうか。

ところで，今，本書を手にとっている読者の中で，大学を卒業して以来，生涯スポーツとして跳び箱運動やマット運動に取り組んでいる人はどれくらいいるでしょうか？ 私はごく少数であると推測します。数学や英語，国語などは，生活の中で役立つという経験を日常的に意識することができます。しかし，跳び箱運動やマット運動のような学習は非日常的であり，日常の生活の中で応用している人はそうはいません。教師たちの中には，学校体育では一生涯続けていくことのできる得意なスポーツを見つけることが大切だという人もいます。しかし，器械運動が得意であったり好きであったりしても，器械運動に近いスポーツである体操競技を続ける人は，わずか一握りです。では，将来取り組まれないのであれば，その活動は無意味なのでしょうか？ この問いに対して，

13

本書でテーマとした，動きの「感じ」と「気づき」を大切にするということが，一つの回答を与えてくれます。

⑤「形」から「感じ」へ

　体育の目標は，「運動に親しむ資質や能力の育成」「健康の保持増進」「体力の向上」の三つの具体的目標を関連づけ，「楽しく明るい生活を営む態度を育てる」ことにあるといえます。メディアの発達や商業スポーツの発達の中で，「速く，高く，強く」という価値観と連動して，体育における学習成果が確立されてきました。このような中では，運動競技と関連した技能の高さを求めはぐくむ体育観がうかがえます。しかし，生涯にわたって運動に親しむためには，これだけでは不十分すぎます。先にあげた器械運動でいえば，いろいろな技ができるということが目指されるのではなく，動きの「感じ」を知り，「気づく」ことが大切なのです。私は大学のある授業で，「グルウッと移動しよう」をテーマにして授業を展開してみました。受講生は，だいたい前転のようなことをしているのですが，その前転は，受講生が50人いれば50通りあるのです。しかし，皆，それが「グルウッ」と回っている感じだというのです。つまり，「感じ」を共有しながら，外側の表れは全員異なっています。私はとても驚きました。この様子を見て気づいたのは，「感じ」の"出力"の仕方は，個々人で違うということです。私たち教師は，外側の見栄えばかりを気にして大切な中身を置き去りにしてきてしまったのかもしれません。みんなが違うことを前提にして，ふれさせたい「感じ」という学習内容を共有していけば，全ての子どもが全力を出して取り組むことのできる学習を展開することができるのではないでしょうか？　だからこそ，「何ができたか」ではなくて，「どうやって学んでいるか」という過程が大切なのだと思います。できなくても頑張ったからよいという精神的な過程論ではない，本質的な過程主義が望まれます。そこで，動きの「感じ」に注目することで，体育がよりよい学びへと転換すると考えています。

(3)「楽しい」から「おもしろい」へのパラダイムシフト

　以上のような考えから，私は，大学の授業で学生が模擬授業をする際には，

まとめのときに「今日の授業は楽しかった？」という振り返りはさせないようにしています。なぜなら，過程を大切にした体育授業では，楽しさを探求している中で自分は何がどう変化したのかを見つめさせる必要があると思うからです。単純に「楽しかった」かどうかを学習あるいは指導を評価するための規準にするのであれば，料理を作って提供して「おいしかった」かどうかを評価してもらっているのと変わりません。「おいしいね。今日の食事は，見た目も工夫してあるから，見ても楽しい。だから，他の料理でも同じ工夫をしてみよう」なんていうつぶやきのほうが，単なる「おいしかった」という振り返りよりも，もっと大切だと思うのです。つまり，「楽しかった」という"Happy"から「おもしろい」という"Interesting"を大切にした体育が求められるのではないでしょうか。「勝って楽しかった」ではなく「競争しておもしろくて楽しい」，「できて楽しかった」ではなく「挑戦しておもしろくて楽しい」という，過去完了での語りから「いま-ここ」での語りへの変化が大切です。おもしろさ（Interesting）を感じて，楽しさ（Happy）に気づくという"IH"の連鎖が重要といったところでしょうか？　IH家電というのが巷では流行っていますが，これは，効率的，安全，快適，クリーン，経済的なのだそうです。「IH運動プログラム」も，効果が高く，優しく，気持ちよく，簡単な運動といえます。つまり，動きの「形」から「感じ」へ体育の成果を求めることによって，運動のおもしろさにふれながら，学習成果を深めていくことができるといえます。そこで，動きの「感じ」と「気づき」を大切にした「おもしろい」運動の世界づくりこそが，今，体育には求められていると考えるのです。

（4）動きの「感じ」と「気づき」を大切にした体育授業を目指して

　教員採用試験のときに，「なぜ教師になろうと思ったのですか？」と私は尋ねられました。そのときに，私の考えを大きく変化させてくれた小学校6年生のときの担任と中学校3年生のときの担任の先生の話をしました。この先生たちが，知識や技能を向上させてくれたというよりも，私に，肯定的なまなざしを向け，一人の人間として認めてかかわってくれたからこそ強い影響を受けた

のだと思います。また,「なぜ大学の教員になろうと思ったのですか？」ともよく聞かれます。それは,大学院のときの指導教員の影響が強かったと思います。その先生は,直接何かを与えてくれたわけではありません。しかし,私たちを学校における授業という子どもとの対話の世界に誘い,授業のおもしろさを感じさせてくれ,大切なことに気づかせてくれた先生だと思います。これらの先生に共通するのは,私が探求していく道を切り拓いていってくれたということです。解答はどこかに用意されているのではなく,共に探し求めていくものであると授業を通して教えてくれ,その実践力を身に付けてくれたように思います。教師になって,こんな経験を邪魔していたのが,「私は教師である」という形式ばった上着であった気がします。この「教師チーム」というユニフォームを着せられてしまった私たちが,そこに,自分の名前を刻みこみ,自分なりの汚れをつけ,汗をしみこませ,子どもと対話していくことが必要であるように思います。そのために,教師としての仮面を一度外して子どもの内側に寄り添ってみませんか？ そこには,私たちが予想もしていない世界が広がっているのかもしれません。それはきっと私たちの好奇心,探求心をくすぐります。

　私は,読者の皆さんとともに,動きの「感じ」と「気づき」に注目することで,"教師側の論理"という殻を破って"子ども側の論理"からの授業づくりについて,本書を通じて探っていくことができればと考えています。　　（鈴木直樹）

　※本稿は,本書作成にあたり,編者の細江文利氏と鈴木とで話し合ったコンセプトについてまとめたものです。本来,細江氏が執筆を担当する予定でしたが,作成途中で病床に臥されたため,鈴木が代わりに執筆しました。

〈引用・参考文献〉
1) Anselm Strauss & Juliet Corbin（1999）『質的研究の基礎——グラウンデッド・セオリーの技法と手順』医学書院, p.19
2) B.D.シャクリー・N.ハーバー・R.アンブロース・S.ハンズフォード／田中耕治監訳（2001）『ポートフォリオをデザインする——教育評価への新しい挑戦』ミネルヴァ書房
3) Joyner, A.B., &McMains, B.G. (1997). Quality control in alternative assessment. Journal of Ohysical education, Recreation & Dance,68（7）, 38-40
4) Hopple,C, J. (2005) Elementary physical education teaching & assessment：practical guide (2nd ed.). Human kinetics.
5) 木下康仁（2003）『グラウンデッド・セオリー・アプローチの実践——質的研究への誘い』弘文堂
6) 木下康仁（1999）『グラウンデッド・セオリー・アプローチの実践——質的実証研究の再生』弘文堂
7) Melograno, V.J. (1997). Integrating assessment into physical education teaching. Journal of

Physical Education, Recreation & Dance, 68 (7), 34-37
8) National Association for Sport and Physical Education (NASPE). (1995). Moving into the future: National standards for physical education. Dt. Louis: Mosby.
9) 文部省 (1999)『小学校学習指導要領解説 体育編』東山書房, p.11
10) Schwager, S. (1996). Getting real about assessment: Making it work. Journal of Physical Education, Recreation & Dance, 67 (8), 38-40
11) 鈴木直樹 (2006a)「関係論的な学習における運動の意味に関する検討」『埼玉体育スポーツ科学』第２巻
12) 鈴木直樹・塩澤榮一 (2006b)「ワークショップ形式を導入した『体力を高める運動』の実践」『体育科教育学研究』第22巻第１号
13) 鈴木直樹・中島大輔 (2005)「仲間とのかかわりを豊かにすることを目指した小学校体育授業の実践報告」『埼玉体育スポーツ科学』第１巻
14) 鈴木直樹・藤巻公裕 (2004)「小学校水泳学習における子どものかかわり合いに関する研究」『埼玉大学教育学部研究紀要（教育科学Ⅱ）』第53巻第１号

小学生の発達的特性

　授業実践時に，児童の発達段階を学年という枠組みで捉えて考慮した指導を心がけている方も少なくないと思います。しかし，同じ学年の児童は本当に同じ身体的成熟をしているのでしょうか。例えば，ある年の４月に生まれた児童と翌年の３月に生まれた児童とでは学年こそ同じではありますが，その差異は考えなくてよいのでしょうか。発達心理学の知見を参考にすれば運動能力の発達において歩行開始の平均年齢は生まれて１年３か月，早い子どもでは８か月であるとされています。かたや３月に生まれたばかりのときに，前年の４月に生まれた子どもは歩行を開始していることがあるということです。

　児童の実年齢と実際の発達段階を示す骨年齢を調べたデータによれば８歳の児童では，最大で前後３年の違いがあるということです。つまり，実年齢は同じ小学校３年生であっても発達段階を示す骨年齢によると，５歳の就学前の子どもから，小学校６年生の児童までが同学年として混在しているといえます。やはりその差を考慮に入れて授業を考えることが必要といえるでしょう。

　同じ学年だからといって全ての児童に同じ量の活動を強いることは，こういった遺伝や身体的成熟の相違を無視し，児童の発達可能性を閉ざす場合があるということを忘れてはならないといえます。つまり，その差によって運動に対する自信が変わってきてしまうということです。このことは児童の発達を考慮し，その児童の発達段階に応じて活動負荷を規定するような学習指導が重要になってくることを示唆していると考えられるでしょう。

（松本大輔）

2 これからの体育授業で押さえるべきポイント

(1) 学習指導要領の改訂の趣旨

　平成20年3月28日に小学校及び中学校の新学習指導要領が告示されました。新学習指導要領の趣旨を生かした授業実践を行うためには，改訂の背景や趣旨をおおむね理解しておくことが必要でしょう。

　学習指導要領は，社会的なニーズや課題を背景に，およそ今後の日本を背負っていく子どもたちにどのような力を身に付けさせていくべきなのかを，教科・領域ごとに，発達の段階を踏まえ，体系的に整理したものといえます。

　今回の改訂では，21世紀はいわゆる「知識基盤社会」の時代であることを重視しています。このような知識基盤社会化やグローバル化は，知識そのものや人材をめぐる国際競争を加速させる一方で，異なる文化や文明との共存や国際協力の必要性を増大させると考えられます。このような状況において，日本の将来を背負う今の子どもたちには，確かな学力，豊かな心，健やかな体の調和を重視する「生きる力」をはぐくむことがますます重要になってきます。

　ところが，OECD（経済協力開発機構）のPISA調査など各種の調査からは，わが国の児童生徒について次のようなことが浮き彫りになりました。

　　○思考力・判断力・表現力など知識・技能を活用する力が不十分
　　○家庭での学習時間などの学習意欲，学習習慣・生活習慣について課題
　　○自分への自信の欠如や自らの将来への不安，体力の低下

　まさに「生きる力」が不十分と言わざるをえません。そうしたことから，21世紀を生きる子どもたちの教育の充実を図るため，中央教育審議会で国の教育課程の基準全体の見直しについて検討され，平成20年1月に「幼稚園，小学校，中学校，高等学校及び特別支援学校の学習指導要領等の改善について（答申）」が示されました。これは，教育基本法改正において，知・徳・体をバランスよ

くはぐくむこと，学校教育法改正において，基礎的・基本的な知識・技能，思考力・判断力・表現力等及び学習意欲を重視することなどが規定されたことを踏まえたものです。

こうした法改正や中央教育審議会答申を経て，学習指導要領の改訂が行われました。その基本的な柱は次の3点です。
○「生きる力」を育成すること
○知識・技能の習得と思考力・判断力・表現力等の育成のバランスを重視すること
○豊かな心と健やかな体を育成すること

(2) 体育科における改訂の内容

① 答申を踏まえた改訂の方向

体育科の改訂においても，平成20年1月の中央教育審議会の答申に基づいて行われました。その答申において，体育科の改善の基本方針については，次のように示されています。

体育科の改善の基本方針（下線は筆者）

> 小学校，中学校及び高等学校を通じて，「体育科，保健体育科については，<u>その課題を踏まえ</u>，生涯にわたって健康を保持増進し，豊かなスポーツライフを実現することを重視し改善を図る。その際，心と体をより一体としてとらえ，健全な成長を促すことが重要であることから，引き続き保健と体育を関連させて指導することとする。また，学習したことを実生活，実社会において生かすことを重視し，<u>学校段階の接続及び発達の段階に応じて指導内容を整理し，明確に示す</u>ことで<u>体系化を図る</u>。」としている。
> （「幼稚園，小学校，中学校，高等学校及び特別支援学校の学習指導要領等の改善について（答申）」平成20年1月）

まず，「その課題」ですが，「運動する子どもとそうでない子どもの二極化や

子どもの体力の低下傾向が依然深刻」といった児童生徒に関する課題だけでなく、「運動への関心や自ら運動する意欲、各種の運動の楽しさや喜び、その基礎となる運動の技能や知識など、生涯にわたって運動に親しむ資質や能力の育成が十分に図られていない例も見られること」といった教師の指導に関する課題や「学習体験のないまま領域を選択しているのではないか」といった学習指導要領の枠組みの課題も指摘されています。

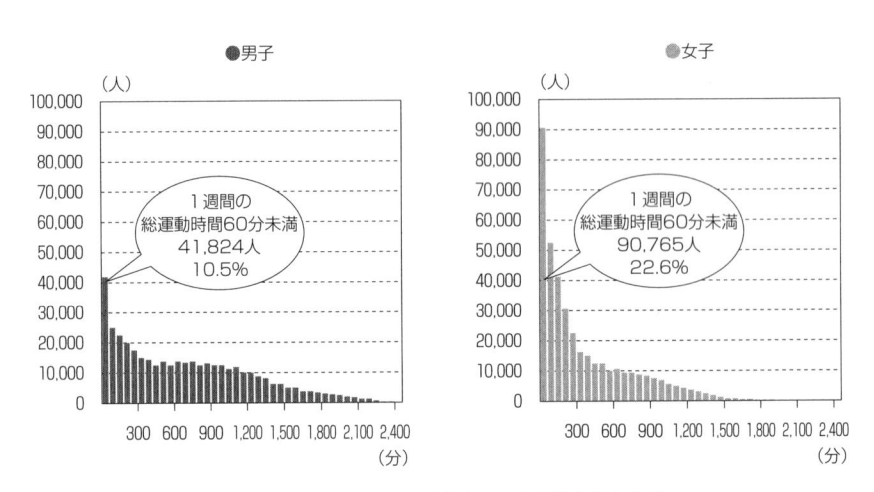

●男子　　　　　　　　　　　　　　　●女子

（1週間の総運動時間60分未満　41,824人　10.5%）
（1週間の総運動時間60分未満　90,765人　22.6%）

（平成21年度 全国体力・運動能力，運動習慣等調査結果）

図2-1　1週間の総運動時間（小学校5年生）

　図2-1のように、女子では、1週間に体育以外に運動する時間が60分に満たない児童が4分の1近くに上っています。
　これらは、生活様式や習慣などの変化により、運動しにくい状況にあることは指摘されているところですが、これでは、体力の向上も望みにくいことは言うまでもないでしょう。しかし、見方を変えると、この結果から、全ての児童生徒が唯一運動している時間は、体育の授業しかないこともわかります。こうした期待から体育の授業時数が低学年、中学年において、現行学習指導要領の90時間から、105時間に増加しました。教師の課題の指摘も含め、体育授業の

充実の必要性は急務といえます。

② 具体的な改訂の内容

19ページに示した中央教育審議会答申からの引用の後段において，改善の方向性を「学習したことを実生活，実社会において生かすことを重視し，<u>学校段階の接続及び発達の段階</u>に応じて指導内容を整理し，<u>明確に示す</u>ことで<u>体系化を図る</u>」こととしています。これらを具現化し，改訂の方向を示すために，目標を修正しています。ここでのポイントは，小学校から高等学校までの見通しをもった目標とするために，小学校体育の位置づけを明らかにしたことです。

学校教育法において「小学校は，心身の発達に応じて，義務教育として行われる普通教育のうち基礎的なものを施すことを目的とする」と規定されていることを踏まえ，「生涯にわたって運動に親しむ資質や能力の基礎を育てる」ことを明確に示しています。つまり，生涯にわたって運動に親しむ資質や能力を育成するためには，小学校でそれらの基礎をしっかりと育てることが大切であることを明確に示したわけです。

体育科の目標（小学校学習指導要領）（下線は筆者）

> 心と体を一体としてとらえ，適切な運動の経験と健康・安全についての理解を通して，<u>生涯に</u>わたって運動に親しむ資質や能力の<u>基礎</u>を育てるとともに健康の保持増進と体力の向上を図り，楽しく明るい生活を営む態度を育てる。

この目標を受け，次のように改善しています。

●**指導内容の体系化**（指導内容の明確化，系統化，弾力化）

体育科では生涯にわたって運動に親しむ資質や能力の基礎を身に付けていくことを目指しているのですから，児童生徒の発達の段階を考慮した上で，それにふさわしい指導内容を明確化し，意欲的に継続して学ぶことができるよう系統化しました。このように小学校から高等学校までの12年間を見通して指導内容の整理を行い，体系化をはかりました。

特に小学校では「基本の運動」について，指導内容や高学年への系統性が

見えにくいとの指摘が多かったことから，従前「内容」として示していたものを「領域」として示しています。ただし，「基本の運動」という名称はなくなりましたが，その趣旨は低学年・中学年の発達の段階を踏まえた指導内容に生きていますので，指導の際には留意しておくべきでしょう。

　また，運動の取り上げ方の弾力化の視点も大切です。前述しましたように，学習指導要領では指導内容の明確化をはかってきたわけですが，それらが身に付くための指導方法は，学校や児童の実態によって，さまざまな工夫がなされなければなりません。そうした教師の指導の工夫が生かせるように，指導内容の確実な定着をはかりやすければ，運動の取り上げ方を一層弾力化し，低・中・高学年に示されている「体つくり運動」以外の全ての指導内容について，2学年のいずれかの学年で取り上げ指導することもできるようにしています。この趣旨を生かして学校の創意工夫した指導が行われることを期待します。

●体力向上の重視

　もう一つの柱としては，子どもたちに動ける体つくりの基礎を培うことがあげられます。運動する子どもとそうでない子どもの二極化の傾向や子どもの体力の低下傾向が依然深刻な問題となっていることから，全ての運動領域で適切な運動の経験を通して，体力の一層の向上をはかることができるよう指導のあり方を改善することとしています。特に「体つくり運動」は，基本的な動きを培うことをねらいとして低学年から示すとともに，第1学年から第6学年の全ての学年において指導することとしています。

(3)「体つくり運動」のねらいとポイント

① 「多様な動きをつくる運動（遊び）」創設の背景とねらい

　現代は，子どもたちの遊びや生活習慣が大きく変化し，いわゆる三間（空間，時間，仲間）の減少により，運動遊びが減り，体を動かす機会だけでなく，経験する動きの種類も減少しているといわれています。そのため，かつては，当然のように身に付いていたはずの走る，跳ぶ，投げる，押すなどの基本的な動

きの習得が低い段階にとどまっているという指摘があります。しかし，このような基本的な動きを習得しておかないと，将来的に体力の向上やさまざまなスポーツの技能の習得を目指す上で支障が出ると考えられます。

　こうしたことから，新学習指導要領では，小学校低学年・中学年のうちに「基本的な動きを総合的に身に付ける」ことをねらいとして「体つくり運動」の内容として「多様な動きをつくる運動（遊び）」が位置づけられました。

　「動きを身に付ける」というと同じことを繰り返し訓練するようなイメージに捉えられることがありますが，低学年，中学年の児童の発達の段階や実態を考慮して授業をつくることが大切です。教師としては，動きづくりを目指した授業ですが，児童にとっては，「楽しく夢中になって運動していたら，動きが身に付いた。そして，結果として体力が高まった」といった授業づくりが求められます。

　② 授業づくりで考慮すべきポイント

　「体つくり運動」のもう一つの内容として，「体ほぐしの運動」があります。これは，手軽な運動や律動的な運動を行い，体を動かす楽しさや心地よさを味わうことによって，自分の体の状態に気づき，体の調子を整えたり，仲間と豊かに交流したりすることができることをねらいとして行われる運動です。技能を高めたり，競い合ったりする運動を目指すのではなく，動くことの心地よさを味わうことができるようにすることが大切です。特に新学習指導要領では，「気付き」を重視しています。

　また，高学年以上には「体ほぐしの運動」とともに「体力を高める運動」が位置づけられています。これは体力の向上を直接のねらいとしており，運動を通して体力の高め方などを学び，体力の必要性を理解していくことが大切です。

　このように見てくると，「多様な動きをつくる運動（遊び）」「体力を高める運動」「体ほぐしの運動」では，それぞれ異なったねらいをもっており，別々の内容が「体つくり運動」に詰め込まれているように思われがちですが，これらの共通点は，いずれも運動を通して自己の体との対話をしていくことといえます。魅力ある運動を楽しみながら，自己の体や動きの変化に気づき，「生涯

にわたって運動に親しむ資質や能力の基礎を培う」授業が実践されることが期待されます。

(白旗和也)

ちょっと一息

「体力」って何？——「技能関連体力」と「健康関連体力」

「体力」と一言でいってもさまざまな「体力」が想像できるでしょう。

米国の体育では，子どもの体力レベルの低下が指摘されて以降，1950年代ころから体力テストや体育プログラムの開発が行われてきました。はじめは体力向上といっても，走・跳・投といったスポーツパフォーマンスに特化して考えられていましたが，しだいに健康にかかわる項目へと変化していきました。

1966年にUpdyke & Johnsonによって，多様であった体力概念が技能関連体力（skill-Related fitness）と健康関連体力（health-Related fitness）に二分されました。技能関連体力は「敏捷性（Agility）」「バランス（Balance）」「調整力（Coodination）」「瞬発力（Power）」「反応時間（Reaction Time）」「スピード（Speed）」の6項目です。いずれもより高い競技パフォーマンスのための体力があげられています。対して健康関連体力は，「呼吸循環器能力（Cardiovascular Fitness）」「身体組成（Body Composition）」「柔軟性（Flexibility）」「筋力（Strength）」「筋持久力（Muscular Endurance）」の5項目があげられています。こちらは技能レベルに焦点を当てた体力ではなく，健康な生活を保障するための必要な体力があげられています。よって，体力概念は身体能力重視の技能関連体力から健康重視の健康関連体力へと変化しつつあるといえるでしょう。近年では健康関連体力が中心とされた体力テストをもとに考えられたプログラムも多く開発され，それだけ米国の体育では子どもたちの健康促進，特に肥満の改善が重要な課題なのです。日本においても体力の概念が変化してきています。競技レベルの向上が求められている反面，新体力テストで健康関連体力が重視されるようになってきたことは大きな変化です。子どもたちにとって高めていきたい体力は何であるか考えていきたいものです。

(植木 夢)

〈参考文献〉

井谷惠子（2005）『体力づくりからフィットネス教育へ——アメリカの体育教育と身体づくりへの責任』明石書店

3 動きの「感じ」と「気づき」を大切にする「体つくり運動」の内容
——動きが生まれる！ 動きが広がる！ 動きがつながる！

（1）低学年・中学年の「体つくり運動」

① 「多様な動きをつくる運動（遊び）」とは

　平成23年度から完全実施となる新しい学習指導要領では，体育科の向かうべき方向性として，「生涯にわたって運動に親しむ資質や能力の基礎の育成」と「体力の向上」が示されてます。

　一昔前までは，鬼ごっこや缶蹴り，ゴム跳び，縄跳びなどといった遊びの中から，子どもたちは運動に必要な動きの要素や身のこなしを自然に身に付けることができました。しかし，年々生活環境が変化し，暮らしが便利になっていくと同時に，子どもたちの遊びや生活習慣も大きく変わり，体を動かす機会が減少し，日常的な動作や動きの種類が激減してきているといえます。子どもたちの体力や身のこなしの低下は，社会的にも深刻な問題となっています。

　そういったなか，体力の向上をねらいとして，小学校低学年から「体つくり運動」が導入されました。「体つくり運動」は，各学年必修の内容として位置づけられ，発達の段階に応じた指導内容を取り上げ，指導することになっています。小学校低学年・中学年における「体つくり運動」は，「体ほぐしの運動」と「多様な動きをつくる運動（遊び）」で構成されています。この時期に大切なことは，柔軟性や瞬発力・持久力等の向上を直接的なねらいとしたトレーニング的な学習をするのではなく，幼児期・学童期に身に付けておきたい体の基本的な動き，いわゆる生涯にわたって運動する上で，この時期に身に付けておきたい動きを楽しく身に付けることが大切です。

　「多様な動きをつくる運動（遊び）」は，その趣旨のもと，他の領域において扱われにくいさまざまな体の基本的な動きを総合的に培うもので，「体のバランスをとる運動（遊び）」「体を移動する運動（遊び）」「用具を操作する運動（遊

び）」「力試しの運動（遊び）」に分かれており，中学年では，それらを組み合わせる運動も示されています。

② 「多様な動きをつくる運動（遊び）」の年間カリキュラム上の位置づけ

単元計画の作成にあたっては，まず，各学年において，この「多様な動きをつくる運動（遊び）」を年間カリキュラム上，何時間位置づけるかということを各学校の実態や子どもたちの実態に応じて考えなくてはいけません。

平成21年２月に文部科学省より全国に配付されたパンフレット（図２-２）にも記されていますが，「多様な動きをつくる運動（遊び）」は，体を動かす楽しさや心地よさを味わいながら，さまざまな動きを経験することで，動きのレパートリーを増やしていくこと。そして，一つひとつの基本的な動きを何度か経験することによって，むだな動作を少なくし，動きの質を高めるということ。さらに，「バランスをとる運動（遊び）」「体を移動する運動（遊び）」「用具を操作する運動（遊び）」「力試しの運動（遊び）」の四つの運動（遊び）（中学年は

図２-２　文部科学省パンフレット

さらに，組み合わせる運動も示されている）をバランスよく扱い，さまざまな体の基本的な動きを総合的に身に付けることをねらいとしています。そのため，年間12～15時間は確保することが記載されており，三学期制なら各学期ごとに，また，二学期制なら前期・後期に分けて位置づけることが考えられます。

「多様な動きをつくる運動（遊び）」は，それぞれの運動領域を意識した動きではなく，基本的な動きを身に付け，できる動きを増やすことで，将来的に体力の向上や技能の獲得を目指す上で有効になる単元です。そのため，前述のねらいも考え合わせると，それぞれの動きにじっくり取り組み，動きを身に付ける時間が必要だと考えられます。そこで「多様な動きをつくる運動（遊び）」

を他の単元と組み合わせたり，補助運動や準備運動として取り扱うのではなく，単独単元としてしっかりとしたねらいのもと，年間カリキュラムに位置づけることが望まれます。

③ 「感じ」と「気づき」を大切にした単元計画の作成

単元計画の作成にあたっては，次の２点を考慮したいものです。

一点めは，二つ以上の運動（遊び）を組み合わせて単元計画を立てるということです。「多様な動きをつくる運動（遊び）」は，四つの運動（遊び）を通して基本的な動きを総合的に身に付けます。そのため，単元計画は，一つの運動（遊び）だけを取り上げるというのではなく，「バランスをとる運動（遊び）」と「用具を操作する運動（遊び）」の組み合わせというように，二つ以上の運動（遊び）を組み合わせるようにすることが望まれます。

もう一点は，「一つ一つの動きをじっくりと経験し，動きを確認しながら習得する時間」と「身に付けた動きや遊び方を工夫したり，自分がもっとやってみたいという場を選んで運動したりする時間」の両方を確保することです。

一つひとつの動きをじっくりと経験し，動きを確認しながら習得する時間は，教師が易しい動きを一つひとつ提示し，遊び方や動き方をみんなで一緒に確認し，繰り返し行うことによって，子どもたちが動きそのものを身に付けるようにすることをねらいとしています。子どもたちが，動き一つひとつを体や感覚として「感じ」，そして動き方のコツに「気づき」，まさに，ここでは「動きが生まれる」時間なのです。ただし，単純に同じことを繰り返すような学習は，子どもたちの意欲の低下を引き起こすので，子どもたちが楽しく夢中になるように，音楽を導入したり，場を工夫したりするなど，授業展開をアレンジしていきたいものです。

また，運動経験の違いから，比較的易しい運動でもなかなかできない子がいるため，教師は全体の子どもたちの様子を把握しながら学習を進めるペースを考え，子どもたちの「気づき」を大切にしながら一人ひとりに適切な助言をしたり，子どもたち相互の声かけを大切にすることがポイントとなります。

一つひとつの動きをじっくりと経験し，動きを確認しながら習得できたら，

次に，身に付けた動きや遊び方を工夫したり，自分がもっとやってみたいという場を選んで運動する時間です。これは，「動きが広がる」時間でもあります。子どもたちは，自分がもっとやってみたいという場を選び，前半で身に付いた動きや遊びのバリエーションを増やしていったり，友だちと競争したり，友だちと動きを合わせたりする活動を通して，動きを広げ，深めていく時間です。

低学年の単元計画（例）

| 【前　期】7時間
バランスをとる運動遊び
用具を操作する運動遊び | 【後　期】7時間
体を移動する運動遊び
力試しの運動遊び |

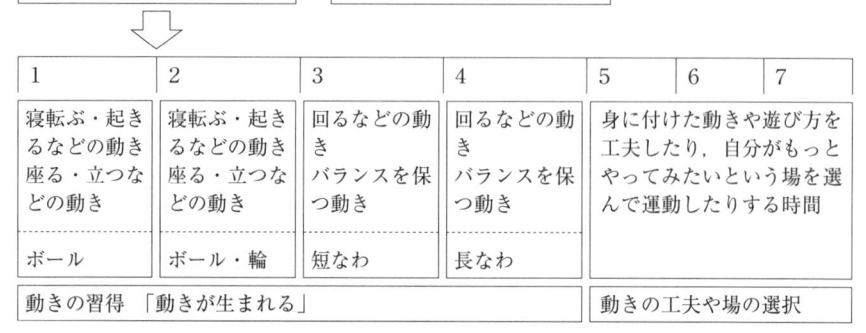

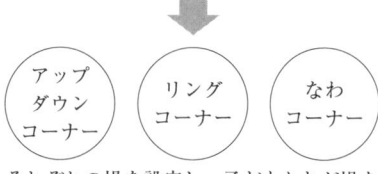

1	2	3	4	5	6	7
寝転ぶ・起きるなどの動き 座る・立つなどの動き	寝転ぶ・起きるなどの動き 座る・立つなどの動き	回るなどの動き バランスを保つ動き	回るなどの動き バランスを保つ動き	身に付けた動きや遊び方を工夫したり，自分がもっとやってみたいという場を選んで運動したりする時間		
ボール	ボール・輪	短なわ	長なわ			
動きの習得　「動きが生まれる」				動きの工夫や場の選択		

習得のための一斉授業

アップダウンコーナー　リングコーナー　なわコーナー

それぞれの場を設定し，子どもたちが場を選択したりローテーションで回ったりする。

（2）高学年の「体つくり運動」

① 高学年の「体つくり運動」

高学年の「体つくり運動」は，「体ほぐしの運動」と「体力を高める運動」で構成されています。「体力を高める運動」は，直接的に体力を高めるための

学習であり，一人ひとりの児童が体力を高めるためのねらいをもって運動します。ここが，低学年の「体つくり運動」をはじめ，他の運動との基本的な違いです。内容は，「体の柔らかさ及び巧みな動きを高めるための運動」と「力強い動き及び動きを持続する能力を高めるための運動」です。

② 「感じ」と「気づき」の体力向上

高学年の子どもたちは，日常的に運動をしている子としていない子の二極化が運動能力としてはっきりと表れ，体力テストの結果にも顕著に見られます。学習指導要領には，以下のように明記されています。

> 体力を高める運動は，「多様な動きをつくる運動遊び」や「多様な動きをつくる運動」で身に付けた動きや動きの組み合わせをもとに，体力の必要性や体力を高めるための運動の行い方を理解し，自己の体力に応じて体力つくりが実践できることをねらいとするものである。

ここで大切なことは，「体力の必要性や体力を高めるための運動の行い方を理解」することと「自己の体力に応じて体力つくりを実践」するということです。後者は，自分の体への「気づき」です。つまり，この時期には自分の体に関心をもち，自己の体力の特徴に気づき，自分の体力を高めるための運動の内容や方法を決めることができるように学習を構成していくことが大切です。指導にあたっては，それぞれの体力の要素にどのような運動を取り入れるか，取り上げる運動のねらいを明確にし，それをどのような場でどのように行うか（音楽に合わせて・友だちと2人組で・数値や記録を目標にして，など）ということが，子どもたちのモチベーションを高めていけるかどうか，同時に運動の日常化につながっていくかどうかにかかわってきます。児童の興味・関心を欠いた単調な動きの反復に終始したり，トレーニング的な授業に陥ったりしないように気をつけたいものです。

③ 「動きが生まれる」から「動きが広がる」単元計画

単元のはじめは，教師がそれぞれの体力の要素に合わせて取り上げる運動を

紹介しながら，みんなで一緒に取り組む時間にしたいです。単元の後半は，自分の体力に応じて，何が足りなくて，どんな体力を付けていきたいのかを明確にし，自分の課題として場を選択して運動に取り組んでいけるようにします。後半は，場が一緒の友だちと動きを工夫したり，負荷を強めたり弱めたりしながら動きを広げ，日常化につながることが求められます。

(3) 体力の向上に向けて

　児童生徒の体力の向上は，社会的にも大きな問題となっています。そのため，学習指導要領「総則」の「第1 教育課程編成の一般方針 3」に

> 学校における体育・健康に関する指導は，児童の発達の段階を考慮して，学校の教育活動全体を通じて適切に行うものとする。特に，学校における食育の推進並びに体力の向上に関する指導，安全に関する指導及び心身の健康の保持増進に関する指導については，体育科の時間はもとより，家庭科，特別活動などにおいてもそれぞれの特質に応じて適切に行うよう努めることとする。(略)

と述べられています。これからの学校教育に求められることは，体育の授業の充実はもとより，運動の日常化がはかられるよう，学校教育活動全体を見直し，運動・遊びの時間（始業前・中休み・昼休み・放課後など）や場を確保していくことです。さらに体力向上についての意識を家庭にも啓発し，家庭と連携しながら運動の二極化現象に歯止めをかけるようにしたいです。そして，なによりも「運動が大好き」の子どもたちを育て，子どもたちが生涯にわたって運動に親しむことができるよう努めていきたいものです。

(杉本眞智子)

ちょっと一息

「多様な動き」って何？

　「体つくり運動」の低・中学年の内容に示される「多様な動きをつくる運動（遊び）」は、子どもたちの発達段階を踏まえると、この時期にさまざまな体の基本的な動きを培っておくことが重要であるため、他の運動領域において扱われにくい、さまざまな体の基本的な動きを培う運動として扱われています。

　では、具体的にどのような体の基本的な動きを培っておかなければならないのでしょうか？　この「多様な動き」を教師がしっかりと押さえなければ、子どもたちに何を学ばせたいのか、その内容を示すことができません。なんとなくおもしろそうなアクティビティをピックアップし、授業を展開したのでは、子どもは一過性のおもしろさを味わうだけで何も学んでいない状況を生み出してしまうことが危惧されます。

　ここでいう「多様な動き」とは、教師の思いつきで提示するような一つひとつの動きがバラバラに存在しているものではなく、一つの動きから枝分かれして広がっていくような動きとして捉えていくべきであり、「多様な動きをつくる運動（遊び）」の「つくる」とは、「一つ一つの動きを獲得していく」というよりは、子どもたち自身が「動きを広げていく」と捉えていったほうがよいでしょう。

　米国でのMovement Educationの中で、Grahamら（2008）は学ばせたいことを人間の動きの分析に基づき、「動きのコンセプトと技能のテーマとの相互作用を示した動きの分析表"Wheel"」を示しています。この"Wheel"は、「体つくり運動」で子どもたちに何を学ばせたいかを示す内容を含んでいます。

　次ページの表は"Wheel"の内容を訳して表の形式に加筆・修正したものです。例えば、「体の移動」での「歩く」といった動きをひとつとってみても、「速く」「ゆっくり」と時間的な変化を生み出していったり、「前へ」「後ろへ」と方向を変えていったり、または、「直線的に」「カーブして」「ジグザグに」と経路に変化をもたせたりするなど、動きの広がりをイメージすることができます。

　このように"Wheel"は、人間の動きの可能性（広がり）を示しているといえ、子どもたちから多様な動きを引き出していく際には、どのような傾向で子どもたちは動きを生み出しているのかを教師は捉えていく必要があります。または、どのような動きの可能性が残されているのかを捉える一つの指標として活用することができるのではないでしょうか。

（寺坂民明）

動きのコンセプトと技能のテーマとの相互作用を示す動きの分析表

技能のテーマ		動きのコンセプト		
多様な動き	体の移動	歩く／走る／片足跳び／スキップ／ギャロップ／追いかける／逃げる／避ける	速く／ゆっくり	時間	負荷：身体をどのように動かすか
			強く／軽く	強さ	
			決められたように／自由に	流れ	
	体のバランス	ターン／ねじる／転がる／バランス／運ぶ／ジャンプと着地／伸ばす／縮める	自己のスペース／全体のスペース	位置・場所	空間の気づき：身体をどこへ動かすか
			上へ／下へ／前へ／後ろへ／右へ／左へ／右回り／左回り	方向	
			低く／中位で／高く	高さ	
			直線に／カーブして／ジグザグに	経路（フロア／空間）	
			大きく／小さく／遠く／近く	広がり	
	用具の操作	投げる／捕る／集める／蹴る／パント／ドリブル／弾く／ラケットで打つ／手で操作する用具で打つ	曲げて／縮めて／伸ばして／ねじって／対称／非対称	身体の各部位	関係性
			上に／下に／接して／接さないで／近くで／遠くで／前に／後ろに／〜に沿って／〜を通り抜けて／近づいて／離れて／囲んで／回って／並んで・〜と一緒に	物と／または人と	
			先導して／従って／鏡に映すように／同じように／同じ調子で／対照的に／グループ間で／グループで／パートナーと／一人で／集団の中で単独で	人と	

（Grahamら，2008）寺坂 訳・修正（2010）

〈参考文献〉
Graham, G. Holt/Hale, S. Parker, M (2008) Children Moving A Reflective Approach to Teaching Physical Education Eighth Edition McGraw Hill.

4 動きの「感じ」と「気づき」を大切にする「体つくり運動」の展開

（1）動きの「感じ」と「気づき」を大切にした学習過程

① 伝達型の授業から生成型の授業へ

　体育授業は身体活動が運動によって表れ，学習の成果が体を通して，その場に表れます。運動に伴って得られるものは，その運動がもっている独特な動きの「感じ」といえます。子どもたちにとって，その動きの「感じ」は好き嫌いにかかわりなく，必然的に体感されています（成家ら，2009）。

　体育授業においては，「感じる」ことを中核として，子どもにとっての運動の意味が生じると考えられています（鈴木，2007）。子どもたちは，「いま-ここ」で活動している運動の動きの「感じ」のおもしろさをキャッチして，自らの運動の原動力としているのではないでしょうか。

　しかし，その「感じ」を快いと感じるか，不快と感じるかは，子ども個々人の動きを味わう「好み」にもよります。運動を「料理」して学習材にしている教師は，どの子どもの「味の好み」にも合わせて運動を「料理」するのが腕の見せどころといえるでしょう。つまり，「感じ」の好みは子どもによって違いますが，それぞれの子どもがそれぞれの好みで「おもしろい！」と思える「感じ」に出会うことができるような授業づくりを考えていくことが求められてきます。

　このように考えると，動きの「感じ」と「気づき」を大切にした授業の中で教師から一方的に何事かを「伝達」する構図には無理があるでしょう。なぜなら，先ほど述べたように動きの「感じ」を愉しむ好みは子ども個々人によって違うし，「感じ」の愉しみ方や広げ方も多様にあると考えられるからです。

　そこで，動きの「感じ」や「気づき」は子どもの側から生成されるものと考え，「その運動ならではのおもしろい感じ」を味わうことを学習過程の中心として授業を構成するのはいかがでしょう。これは伝達型の授業から生成型の授

業へのシフトチェンジともいえます。

　動きの「感じ」を中核とした生成型の授業づくりのモデルとして,「感覚的アプローチ」を導入した授業づくり（成家, 2009）があります。この授業づくりでは, その運動の心地よさやおもしろさを学び合ったり, 新たなその運動の心地よさやおもしろさを創造していったりする活動を重視しています。

　そのようにして, 動きの「感じ」の心地よさやおもしろさを子どもたち自身の手で拓いていくことが生成型の授業では大切と考えられています。教師によるパッケージ化されたおもしろさをただ単に楽しむだけの授業とは, その点で大きく異なるといえるでしょう。

② 動きの「感じ」と「気づき」を中核とした学習観

　動きの「感じ」と「気づき」を中核とした学習過程を考える上で, 子どもが学ぶということを筆者は, レイヴ, ウェンガー（Lave & Wenger, 1995）, 佐伯（2003）の正統的周辺参加論やガーゲン（Gergen, 2004）の社会構成主義の学習観に立ち「感覚的アプローチ」を導入した授業づくりの中で次のように捉えました。

○（学ぶということは）子ども自身が授業におけるさまざまな要素とかかわりながら, その場に参加するプロセスそのものである。
○（学ぶということは）場への参加プロセスの中で自ら工夫していく力を生み出していくことである。

　このような学習観のもと, 子どもたちは体を通して学んでいくことで, 生涯にわたって運動と親しんでいく力の基礎を培っていくと考えています。そして, その参加の手がかりになるのが動きの「感じ」です。

　教師は子どもの側に立ち, その運動ならではの動きの「感じ」のおもしろさや心地よさを導き出し, それにふれられるよう授業にきっかけづくりを施していきます。以下, 筆者（2010）が実践した「体つくり運動」の授業（4年生）を参考にしながら, 学習過程について述べていきます。

（2）運動の動きの「感じ」のおもしろさを大切にした学習過程

　授業づくりの中で根幹をなしてくるものが動きの「感じ」です。そこで，授業づくりの第一に，子どもが行う運動ならではの動きの「感じ」のおもしろさを考えます。筆者は「体つくり運動」の「体のバランスをとる運動」と「用具を操作する運動」の動きの「感じ」のおもしろさを，以下のように捉えました。

【体のバランスをとる運動】
不安定な状況で体を巧みに動かせるか／動かせないかの間がおもしろい
【用具を操作する運動】
不安定な状況でモノも巧みに操作できるか／できないかの間がおもしろい

　この授業では考えられた動きの「感じ」のおもしろさから，「バランスがくずれるおもしろさを感じよう」と投げかけ，それぞれのグループがテーマに沿って平均台を用いた「テーマパーク」づくりをしました。場づくりや活動の仕方は子どもの創意工夫を生かして展開していきました。

　この授業での子どもたちの意識は，バランスがくずれることのおもしろさでした。自分たちで平均台やマット，跳び箱の置き方や活動の仕方などを工夫して「テーマパーク」をつくっていきました。

　その学びのプロセスは，バランスをとる運動ならではの動きの「感じ」のおもしろさを中核としながら，そのおもしろさにふれていくプロセスで試行錯誤し，自分たちで楽しみ方をつくり出し，さらに友だちとの交流などを通して広げていくというものでした。

　この学習観では，運動のもつ魅力に十分にふれ，さらにそのおもしろさを広げていくことを重視しています。バランスをとる運動の授業では，子どもたちは「あの斜めの平均台をスムーズに渡りたい」や「友だちとバランスくずしをしながら，ハラハラするスリル感を味わいたい」などという自らの思いや願いに沿って学びを拓いていきました。

授業では,「感じ」を実感できるよう「気づき」を促すきっかけづくりが求められます。例えば,自分が気づいたことをもう一度運動してまとめるということも考えられます。「気づき」として実感したことを,再度運動することを通して体で確かめる,深化させるといったものです。
　「体つくり運動」の授業では,授業の後半部でいったんまとめをします。それは,目を閉じて「本日感じたおもしろかったこと」を振り返ります。そして,再度自分たちのテーマパークに戻り,自分たちが考えた遊び（運動）に興じました。
　このような授業の学習過程では「何かができるようになる」や「記録がどれくらい向上する」などということだけにとらわれるのではなく,ゆったりと体で学ぶことが保障されていたように感じます。
　以前,よく研究協議会等で議論に上がっていたのは,「習得型の授業」か「探究型の授業」かという話題でした。しかし,これからの体育科授業を考えるときに,「習得型」「探究型」という二項対立軸で授業を捉えるのではなく,動きの「感じ」と「気づき」を中核に据え,その周辺を「習得」や「探究」が位置づくような授業づくりが求められてくるのではないかと筆者たちは考えています。

(3) 動きの「感じ」と「気づき」を大切にした学習形態

① 「感じる」を共有し合える学習形態

　学習形態とは,学習活動や学習指導の組織的方法的側面を表す用語でもありますが,ここでは組織形態に焦点を当てて述べていきます。
　子ども一人ひとりが料理の好みが違うように,感覚的なおもしろさの好みも個人差があるものと考えられることは,先ほども述べたとおりです。したがって,よく見られる単一の目標のもと一斉学習という学習形態では,学習内容と子どもの思いに分離が起こることもあるということがいえます。
　「感じる」を共有する上で大切なことは,技能差や志向性には違いがあって当然であり,異質の中でこそ「感じ」を媒介として学びが成立し深め合える,

という組織風土（学級風土）でしょう。その組織風土と効果的な学習形態が相関し合うことで、「感じ」を共有し合える学びが生成されます。

したがって、子どもたちが技能差や志向性の違いを受け入れながら、一人ひとりが思いきりプレイしたり、一人ひとりが役割を感じたりできる関係構造を目指していきたいものです。

「感じる」を共有し合える学習形態として、ペアやトリオ、少人数のグループ構成を基本として考え、そのグループ構成も固定的なものとして捉えるのではなく、流動的で変化のあるものがよいでしょう。

このような学習形態の一つに、ワークショップ形式の授業づくりがあります。ワークショップとは、中野（2001）によると「講義など一方的な知識伝達のスタイルではなく、参加者が自ら参加・体験して、共同で何かを学び合ったり、創り出したりする、学びと創造のスタイル」と定義されているもので、「参加体験型」の学習と呼ばれることもあります。

筆者は、このワークショップ形式の学習を援用し、先に紹介した「体つくり運動」の授業を行いました。ここでは、決まったグループ（誕生月やくじなどで決めた）で基本的な活動を行い、自分たちでバランスがくずれるおもしろさを感じることをめあてとしました。その手段として、「テーマパークづくり」を行いました。

そして、クラスを「ゲスト」と「キャスト」に分かれさせ、ゲストがいろいろなグループの「テーマパーク」へ行き、キャストが自分の「テーマパーク」の活動の仕方を教えたり、共に行ったりするという活動を行いました。

このとき、ゲストとなった子どもたちは、自分のやってみたい「テーマパーク」へ行き、それぞれ活動を行います。さまざまなグループの「テーマパーク」を体験することで、他グループの動きの「感じ」を体感し、身をもって共有することができました。そして、他グループで体験してきたことをもとに、また自分のグループの「テーマパーク」を組み換えていくという学びを展開していきました。

このようなワークショップ形式の授業を用いることで、子ども相互の「感じ」

を交換し合い，共有し，深め合うという学習の流れができたように感じました。
　② 「気づき」を支える学習形態
　子どもたちは体いっぱいに動きの「感じ」のおもしろさを体感しています。しかし，授業に夢中になり没頭して活動している子どもには，おもしろい「感じ」は自覚しづらいものだと考えられます。そのため，教師が意図的に「気づき」を促していくことが求められます。

　授業においては，単に学習カードに気づいたことを振り返るような自由記述をするだけではなく，自分の感じたことを友だちに語ったり，もう一度行ってみたりするという「気づき」へのきっかけづくりが考えられます。単に学習カードに記述するだけで「気づき」として成立するという見方は避けたいものです。

　体育の授業は，子どもたちが体で学んでいる時間です。だからこそ，「感じ」や「気づき」をペアや小グループという中で交換し合うことで共有したり，再度行って動きのまとめをしたりすることで，さらに子どもの学びが深まっていくことでしょう。

　授業に参加する子どもたち全てが，運動の得意・不得意にかかわりなしに動きの「感じ」と「気づき」に体で向き合える学習形態を模索していってはいかがでしょうか。
　　　　　　　　　　　　　　　　　　　　　　　　　　　　（成家篤史）

〈引用・参考文献〉
ガーゲン著／東村知子訳（2004）『あなたへの社会構成主義』ナカニシヤ出版，pp.71-234
レイヴ＆ウェンガー著／佐伯胖訳（1993）『状況に埋め込まれた学習』産業図書，pp.25-28
中野民夫（2001）『ワークショップ──新しい学びと創造の場』岩波書店
成家篤史（2009）「『感覚的アプローチ』を導入したとび箱運動の学習」『こどもと体育』No.148，pp.6-9
成家篤史（2010）「『感じ』と『気づき』を大切にした授業を創る」『体育科教育』8月号，pp.48-50
成家篤史・鈴木直樹・寺坂民明（2009）「『感覚的アプローチ』に基づく跳び箱運動における　学習の発展様相に関する研究」『埼玉大学紀要』58巻2号
佐伯胖（2003）『「学び」を問いつづけて』小学館，p172，pp.247-259
鈴木直樹（2007）「運動の意味生成を支える体育授業における諸要因に関する研究」『臨床教科教育学会』7巻1号

ちょっと一息

「ワークショップ」の学びとは？① ── コンセプト

　プログラムを系統化し効率的に知識や技能を記憶，獲得することを目指す学習観ではなく，授業という文化的な実践への参加を通して，知識や技能を創造，構成することを目指す学習観が主張されるようになってきました。すなわちこれは，学習を獲得から共同体への参加・協働によって捉え直すものであります。このような参加・協働の学びのスタイルとして近年注目されているのが，ワークショップという学びのスタイルです。

　ワークショップとは中野（2001）が，「講義などの一方的な知識伝達のスタイルではなく，参加者が自ら参加・体験して共同で何かを学び合ったり創り出したりする学びと創造のスタイル」と定義している考え方です。これは，参加・体験・相互作用という要素を特徴とした学びであるとされています。

　広石（2005）は「ワークショップ型の学びでは，学習の主体者は参加者全てであり，そこで構成される新しい知は，個人の所有物ではなく，共同の創造物」と述べています。また鈴木（2006）はワークショップ形式の授業では，「テーマにかかわる学習者が身体全体で運動にかかわる中で何かを創造したり，発見したりしていく営みにつながっている」と述べています。

　さらに，湯口（2007）は「『運動のおもしろい世界に参加することで，まず，自分なりのおもしろい世界を探索し，そこに参加している他者と，今ここにもっている私の身体の情報と相互作用させ，新たなおもしろい世界を創発していく』という『場』の中で，参加と創造がリゾーム状に展開する『学び』を保障する学習である」と定義し，ワークショップ形式の授業において，参加，かかわり（相互作用）による新たなおもしろさの創造の重要性を述べています。

　このように，ワークショップ形式の授業では状況と文脈を重要視し，学びを参加・協働における創造，発見，生成の営みとして捉えているといえます。すなわちワークショップ形式の授業は，教師の主体による一方的な知識伝達としての学習ではなく，児童が主体的に授業にかかわるプロセスを重視した学びであるといえましょう。

（松本大輔）

〈参考文献〉
広石英記（2005）「ワークショップの学び論──社会構成主義からみた参加型学習の持つ意義」日本教育方法学会紀要『教育方法学研究』第31巻，p.1-11
中野民夫（2001）『ワークショップ──新しい学びと創造の場』岩波書店
鈴木直樹・塩澤榮一（2006）「ワークショップ形式を導入した『体力を高める運動』の実践提案」『体育科教育学研究』第22巻，第1号，pp.25-34

湯口雅史(2007)「体育における学習内容の検討――ワークショップ型授業モデルの提案」東京学芸大学大学院修士論文

ちょっと一息

「ワークショップ」の学びとは？②――授業実践

　子どもたちに「体力といってもどんな力があるかな？」と聞くと，「筋力」「瞬発力」「走力」「投力」「持久力」といった答えが返ってきます。一人ひとりの体力向上の課題はさまざまです。そこで取り組んだのが「ワークショップ型の体つくり運動」です。運動しているときどんな力が高まっているか，それを感じながら運動することで，取り組む姿勢は明らかに違います。その実践を紹介します。

「スポーツジムをつくって体力を高めよう！」

（6年生児童　男子22名　女子18名　計40名を対象に3時間扱いで実践）

1時間目　男女混合の5人組8グループの生活班を学習班としてこちらが用意した次の八つの運動を3分ずつ経験させます。その際，その運動でどんな力が高まるのかを考えさせます。

①コーンタッチ　②タイヤ運び走　③つなひき　④高鉄棒ぶら下がり　⑤長縄の中での短縄　⑥時間なわとび　⑦的あて　⑧8秒間走

　最後には「次の時間はみんなでスポーツジムをつくろう」と呼びかけました。

2時間目　準備運動の後，体育倉庫にあるもの，運動場の固定施設等を自由に使ってグループでさまざまな運動に挑戦し，どんな力が付くかを考えながら自分たちのジムのメニューをつくります。

3時間目　各ジムが「私たちのジムで運動するとこんな力が付きます」と紹介します。そして，4グループがジム，4グループがチャレンジャーとして運動します。ジムメニューを紹介します。

「スーパースラロームDX（ジグザグ走）」「雲梯ボールはさみ」「タイヤ引き50m走」「障害物競走」「ボールあてジム」「フラフープジャンプ」等。

　Iさんの感想「自分たちでつくるのは難しいけれど，高めたい体力を決めておくとつくりやすいことがわかった。とても楽しかった」

(塩澤榮一)

5 動きの「感じ」と「気づき」を大切にする「体つくり運動」の学習評価
—New PDCA(Procedure-Dig-Change-(be)Aware)サイクルから考えよう!

(1) 学習評価の「これまで」と「これから」

① 私たちの体力に対する捉え方

右表の①～③は,昭和40年,昭和60年,平成21年の小学校5年生女子の体力テストの結果の一部を載せた表です。どれが何年のデータであるかわかりますか? 大学生にこの質問をすると,全体の中で

表2-3 体力テスト結果（昭40,昭60,平21）

	50m走	握力	反復横跳び
①	9.6秒	16.3kg	37.9回
②	9.5秒	15.5kg	33.7回
③	9.3秒	16.9kg	38.4回

最も低く思われる②を平成21年であるとし,一番記録がよいように思われる③を昭和40年にする傾向があります。皆さんはどう思いましたか? 答えは,①が平成21年,②が昭和40年,③が昭和60年です。ほとんどの学生が,この質問に正しく答えることができませんでした。それは,たくましい高齢者像(すぐれた学習者)と頼りない若年者像(劣った学習者)のイメージを,体力テストの数値の高低に反映させているからといえます。

この結果は,「体つくり」に対する評価の現状を如実に表しているといえます。現代の子どもたちの体力の数値が低く深刻だというのであれば,それと変わらなかったり,むしろ低かったりする昭和40年代の子どもは,今の子どもたちと同様に深刻な問題を抱えているといわれても,おかしくはありません。しかしながら,多くの人たちは,昭和40年代の子どもたちに体力的な問題を感じていません。すなわち,このことは,体力の向上を単純に身体能力の出力だけで評価することに対する警鐘ともいえます。

② 学習評価の実際

次ページの囲みのような子どもたちの成長を願った言葉かけはよく耳にします。「運動の教育」が標榜され,欲求充足に基づき,「運動の楽しさ」にふれ

ることが一般的に求められる中で，従来から必要充足の領域であるとされてきた「体操」を引き継ぐかたちで導入された「体つくり運動」

> 「A美さんの体はとても柔らかいね。」
> 「B男君はいろいろな動き方が上手にできるね。」
> 「C太君はもう少し腕の力を付けた方がいいね。」
> 「D香さんは，持久走が苦手みたいだね。」

は，体の性能が高まった達成を中心にして運動のおもしろさとして捉え，単調なトレーニングで終わることも多かったように思われます。このような授業では，「足りない力（動き）」は何かを識別し，それを獲得させていくことに重きが置かれているといえます。すなわち，「体」をロボット（モノ）のようにして捉え，そのロボットに多くの動き方を覚えこませて，メモリを増やしていくような学習であったといえましょう。これは，体の動きを脳が支配していると考えているといえます。しかし，平成10年の学習指導要領で「心と体を一体としてとらえ……」が，体育の目標の大前提となったように，「多様な動きをつくる運動（遊び）」や「体力を高める運動」も心身一元論的な見方から評価する必要があると考えられます。

③ 動きの「感じ」と「気づき」を大切にした学習評価

Light（2008）は，心と体を一体として捉えることは，学習における「身体」とその「感覚」の重要性を暗示していると述べています。近年，「習得」が強調されています。これを，心身一元論から捉えれば，身体で動くこと，感じること，考えることを通して，運動とかかわる学習者が，その世界に適応し，なじんでいくプロセスであると捉えることができます。つまり，学習している身体が何かを構造的に身に付けていくと捉えられるのではなく，身体そのものが変化していくことであると捉えることができます（Light, 2008）。言い換えれば，学習とは，学習者が「なっていくこと」のプロセスであるともいえます（Begg, 2001）。

例えば，水泳の授業で，学習者は，1本あるいは2本の指などで泳いだ後，何も振り返ったり，考えたりすることなく，握りこぶしで泳ぎました。学習者は，このような経験を通して，動くことの「感じ」を味わい，水を後ろへ押し

て移動する身体へ「気づいて」いきました。また，教師は，身体の表れから動きの「感じ」を探求する学習者の「気づき」を評価し，発問的かつ共感的指導に生かしていきました。この例に見るように，学習は感覚的な認知であり，それは，自己内対話や自己と他者，自己と学びの場，自己と学びの文脈の間に生まれる身体そのもので感じる認知的な相互作用であるといえます（Gunn, 2001, p.96）。したがって，動きの「感じ」を評価（味わい）し，それに基づいた「気づき」を評価（変化を見取る）していくことが「学習と指導」と表裏一体となった評価につながっているといえます。

(2)「これから」の学習評価を実践してみよう！

① Step1：学習評価について考え直そう！

学習評価の機能は，「①学習者の自己理解・自己評価の支援」「②指導の改善の手がかり」「③結果の証明を記録するための基礎資料」として機能すると考えられてきました。とりわけ，指導の説明責任と指導の結果責任が強調され，③の機能が，学習評価の考え方を代表しているようにさえ思われてきました。したがって，「評価しなければならない。評価があるから……」といった考え方に基づく，他律的かつ管理的な評価が実践されてきたといえます。

しかしながら，宇土（1981）は，③を補助的機能であるとし，評価の主たる機能は，目的的機能である①と手段的機能である②としています。つまり，図2-3のような構造が成立しており，この二つが不分離な関係となる円の重なりの中心に，学習と指導と一体となった教育性の高い評価を見出すことができます。

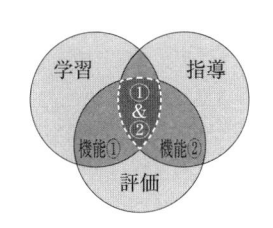

図2-3 評価の構造

「動き」を中心的なテーマとする「体つくり運動」では，学習者が動きの「感じ」にふれその中で「気づく」①の機能と，指導者が動きを「感じ」て「気づき」を見取り「かかわる」②の機能が，調和していくことに一体化を見出すことができます。まずは，学習評価を学習や指導と一体となった，それらをよりよく支えるものであるという考え方から見直していきましょう。

② Step2：評価計画を構想しよう！

次に，評価を実践する上で，その計画を立ててみましょう。

動きの「感じ」と「気づき」を大切にした評価には，三つの位相があるといえます。それは，動きの「感じ」における評価と，「気づき」における評価と，これらの全体を学びのまとまりとして捉えた評価です。これは，図2-4のように，動きの「感じ」を当該単元で目指していく方向性として捉え，「気づき」を学びの姿から捉えて評価規準を設定していくことができると考えられます。

図2-4　動きの「感じ」と「気づき」から考える評価規準

例えば，用具を投げる運動として「身体と用具が一つのようになってなめらかに動き，力強く用具が押し出されていく感じにふれながら（「感じ」），身体全体の動きについて繰り返し経験し，試行錯誤し（学びのプロセス），私が用具を投げる動きと運動の関係に気づいている（「気づき」）」というように，「関心・意欲・態度」「思考・判断・表現」「知識・理解」「技能」を一体として評価規準を設定することが可能でしょう。このような評価規準に立った見取りの中で，それぞれの観点の学びとそのつながりが明確になり，評価が機能していくと考えられます。したがって，「感じ」と「気づき」が「いま-ここ」でどのように起きているかを評価し，「なっていきたい」自分を学習者が見出し，教師が見取ることを可能とします。

③ Step3：学習評価を導入しよう！

動きの「感じ」と「気づき」を大切にした評価の実践を考える上で，ボール運動・球技の授業づくりで，Griffin（2005）が提示した伝統的な学習モデルと新しい学習モデルの違いは興味深い考え方を示しています。

伝統的な学習モデルでは，学習者は，提示された動きを身に付けていくために，モニター（監視）する役割を評価が担うと考えられます。つまり，動きが

表2-4 新しい学習モデルと伝統的学習モデルの比較（Griffin, 2005；鈴木改変）

		伝統的な学習モデル	新しい学習モデル
身体観		心身二元論	心身一元論
目標	目標	文化を伝承すること	文化を生み，応用すること
	成果	パフォーマンス	思考と意思決定
教授	指導	教師中心	子ども中心
	学習内容	技術に基づいている	コンセプトに基づいている
	状況	先生と生徒の相互作用	多様なかかわりによる相互作用
	教師の役割	情報の伝達	問題解決の支援
	学習者の役割	受動的に学ぶこと	能動的に学ぶこと
	評価	修正・調整（フィードバック）	学んだことの証明と学びのプロセスへの寄与

正確にできているかどうかが評価され，修正・調整する中で動きを学んでいくといえるでしょう。一方，新しい学習モデルは，「いま-ここ」で学習者が，多様なかかわりの中で動きを広げていくために，ビューワー（表示）する役割を評価が担うと考えられます。つまり，動いている「感じ」を味わっている世界が，解釈され，提示され，学びを共有し，「気づき」を促し，それが履歴として「いま-ここ」を支えていく評価になっていくといえます。したがって，評価の導入には，三つの位相を表2-5のように捉え，実践していくとよいでしょう。

表2-5 評価の三位相

評価	評価の具体的な行為
「感じ」の評価	「感じ」の解釈
「気づき」の評価	「気づき」の振り返り
全体の評価	学びの見取り

④ Step4：学びを見取る

とはいっても，学びを見取るということは簡単なことではありません。そこで，この学びの見取りをするために，学習者がふれている動きの「感じ」と「気づき」ということに注目して，学習者の行為規準として設定しておきましょう。これは，教師の指導や学習者の学びの支援となるはずです。以下，作成手順について説明をします。

a）ふれてほしい動きの「感じ」を明確にする。

例）バランスが不安定である「ぐらぐら」した「感じ」を味わいながら動く。
b）学習者の個人的特性を踏まえ，その履歴の道筋について方向づける。
　例）場を変化させ，おもしろい活動を協働して創造していく。
c）「気づき」の出来事と内容について考える。
　例）自分への「気づき」と課題づくりへの「気づき」をモノとのかかわりを通して行う。
d）動きの「感じ」と「気づき」に注目して学びを見取る行為規準を作成し，授業実践に役立てる。

表2-6　見取りのための行為規準例

		無意識・・・・・・・・（気づき）・・・・・・・意識		
	「感じ」	「気づき」動きのおもしろさへの気づき	動きの出来事への気づき	動きを工夫するための気づき
違和感	身体が不安定な感じ	バランスをうまくとることができないが，バランスをくずす感じを楽しんでいる。	バランスをとるおもしろさに気づき，安定した場を生み出そうと試している。	課題を易しくして動きの「安定／不安定」の均衡を保とうと工夫し，おもしろさにふれている。
（感じ）	身体が安定した感じ	バランスが安定しているが，その動きをすることを繰り返し楽しんでいる（快感覚にふれている）。	バランスくずしのおもしろさに気づき，不安定な場を生み出そうと試みている。	課題を難しくして動きの「安定／不安定」の均衡を保とうと工夫し，おもしろさにふれている。
一体感	身体が安定したり，不安定になったりする感じ	バランスを安定させようとして「できるか／できないか」という動きのおもしろさを味わっている。	バランスの「安定／不安定」の狭間で，バランスくずしの条件に気づき，それを生かそうとしている。	課題の困難性を保ちながら，技能の向上とともに，行い方を工夫し，仲間と協働して運動することのおもしろい世界にふれている。

（3）「学習評価」から「学び評価」へ新しい"PDCA"サイクル

　学習評価は，PDCA，つまり，Plan-Do-Check-Actionのサイクルの中で捉え

られることが一般的です。しかし，これは，「獲得モデル」の伝統的な学習の考え方に立って考えられる場合が多いように思われます。それは，獲得するモノを身に付けるための活動のプランを考え，その練習を行い，そこで出力された結果を計画と比較して比べ，修正して新しい学習行為と指導行為を繰り返していくように授業を考えがちであるためです。

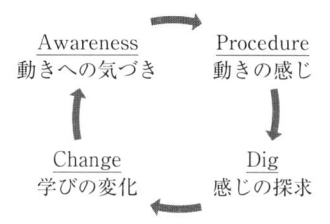

図2-5　新しいPDCAプロセス

一方，動きの「感じ」と「気づき」を大切にした「体つくり運動」を考えた場合，まずは「やってみて」そこから「感じ」を生み出すことが大切です。「感じ」は，やってみなければ味わえず，生まれません（Procedure）。そして，その「感じ」に支えられながら，こだわりをもった探求をしていきます（Dig）。この探求の中で，「なっていく」という変化を繰り返し，学習を進めていきます（Change）。そして，その変化のプロセスの中で「気づき」を振り返り（Awareness），「いま－ここ」での「なっていきたい」自分を見つめていくといえるでしょう。「感じ」と「気づき」を大切にした評価は，「やってみる」－「ひろげる」－「ふかめる」という学習過程（細江・池田ら，2009）における評価ともいえます。　　（鈴木直樹）

〈参考文献〉

Begg（2001）Why more than constructivism is needed. In S. Gunn & A. Begg（Eds.）, Mind, Body & Society: Emerging understandings of knowing and learning. Department of Mathematics and Statistics, University of Melborne. 13-20

Griffin,L. & Butler,J.（2005）Teaching Games For Understanding：Theory, Research, And Practice, Human Kinetics.

Gunn, S.（2001）Enactivism and models for professional development. In S. Gunn & A. Begg（Eds.）, Mind, Body & Society: Emerging understanding of knowledge and learning. Department of Mathematics and Statistics, University of Melborne. 95-101

細江文利・池田延行ら（2009）『小学校体育における習得・活用・探究の学習　やってみる　ひろげる　ふかめる』光文書院

Light,R.（2008）Complex Learning Theory-Its Epistemology and Its Assumptions About Learning：Implications for Physical Education. Journal of Teaching in Physical Education, 27, Human Kinetics, Inc. 21-37

宇土正彦（1981）『体育学習評価ハンドブック』大修館書店

ちょっと一息

子どもの体力の現状と課題——みせかけの数字とつくられた言説

　ご存じのように，日本では毎年「体力・運動能力調査」が行われています。そしてその結果は，「体育の日」に先立って文部科学省から公表され，翌朝の新聞各紙で報道されています。例えば，五大紙による2010年の報道の見出しを列挙してみると，「シニア元気体力が証明」（朝日新聞），「小中高生の体力向上」（毎日新聞），「子供の体力回復進む」（読売新聞），「子供の体力じわり回復」（日本経済新聞），「小中高生の体力復調傾向ジワリ」（産経新聞）となります。ただ，このように"向上"や"回復"等の見出しが見受けられるようになったのは2009年からのことで，それ以前の2年間（2007年・2008年）は"下げ止まり"の見出しが多くの紙面を躍りました。さらに，それ以前（2006年以前）ということになると，長年にわたって"低下"や"最低"等の見出しが掲げられてきたのです。

　では，子どもたちの体力は，本当にこの数年間で"下げ止まって"，"向上"してきたのでしょうか。

　私たちは，毎年公表されている『体力・運動能力調査報告書』（文部科学省）をもとに，総体的な体力・運動能力と解することができる「合計点」に注目し，その年次推移を描いてきました。すると，新体力テストに切り替わった1998年度以降の12年間は，"低下"や"下げ止まり"と報道された年も含めて，おおむね上昇傾向を示しているのです。だからといって，上記の報道が"偽り"とはいえないことも確認できます。それは，項目別にみると，低下傾向を示す項目もあるということです。加えて，子どもの体力は全く心配ないかというと，それもまた"否"であり，その実体が「防衛体力」や「精神的要素」の発達の遅れや歪みにあったことも，私たちはつかんでいます。

　いずれにしても，"低下"が報道されるときには，そのような項目が引き合いに出されて，その分析結果が発表されているといえそうなのです。ここに，子どもの体力に関する"みせかけの数字とつくられた言説"があります。子どもの体力の"真実"を受け止め，有効な対策をとるためにも，私たち大人がその"数字"と"言説"に惑わされない力を付けていくことも必要なのです。

（野井真吾）

第3章

「体つくり運動」Q&A

――現状と課題を踏まえて――

1 現状と課題①
―― 「体つくり運動」に関する教員の意識調査結果

〈実施時期〉 平成22年5月・6月
〈実施場所〉 A市 年次研修（小学校）
〈調査対象〉 初任者31名，5年経験者33名，10年以上経験者16名

【調査結果】

（調査1） 低・中学年に導入された「体つくり運動」の内容についての理解度を自己評価してください。

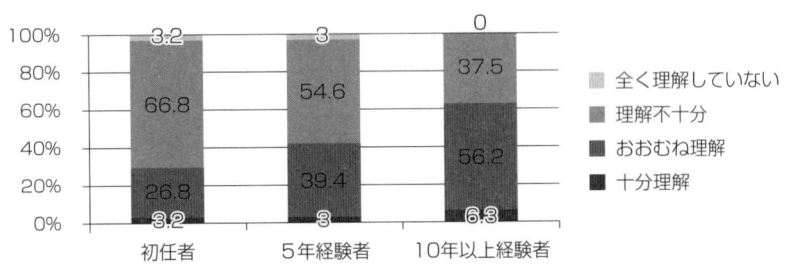

	初任者	5年経験者	10年以上経験者
全く理解していない	3.2	3	0
理解不十分	66.8	54.6	37.5
おおむね理解	26.8	39.4	56.2
十分理解	3.2	3	6.3

　低・中学年に導入された「体つくり運動」の内容についての理解度は，経験年数によって差が出ました。10年以上経験者のグループでは60％以上の教員が理解していると答えていますが，初任者と5年経験者のグループは半数以上が理解不足と答えています。これらの結果から，経験が浅い教員ほど「体つくり運動」への心配を抱えていることがわかります。

（調査2） 「多様な動きをつくる運動（遊び）」の重要性をどのように感じていますか？

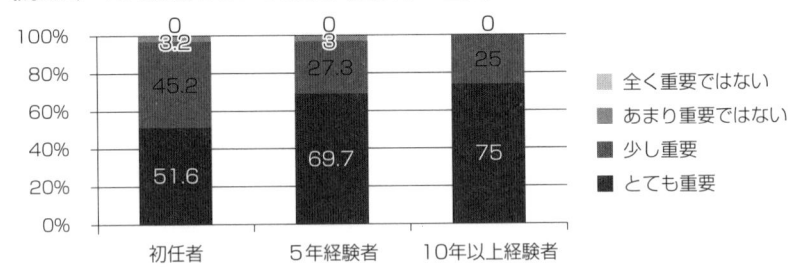

	初任者	5年経験者	10年以上経験者
全く重要ではない	0	0	0
あまり重要ではない	3.2	3	0
少し重要	45.2	27.3	25
とても重要	51.6	69.7	75

　どのグループでも「とても重要」「少し重要」と回答する教員は95％を超えていますが，（調査3）に比べて「少し重要」が多いことは，（調査1）でわかった理解不足が影響していることを推測させます。

第3章 「体つくり運動」Q&A

(調査3) 「体力を高める運動」の重要性をどのように感じていますか?

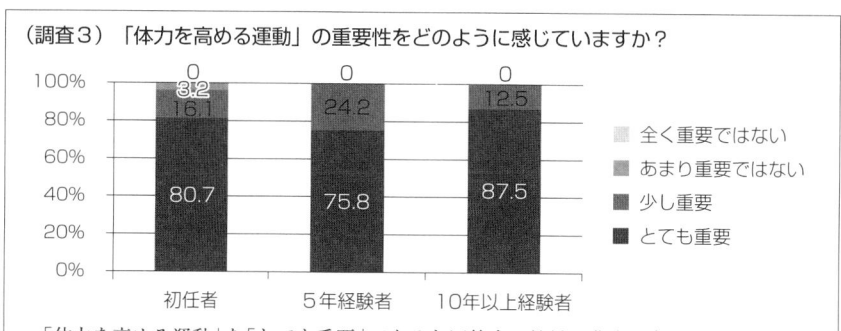

	とても重要	少し重要	あまり重要ではない	全く重要ではない
初任者	80.7	16.1	3.2	0
5年経験者	75.8	24.2	0	0
10年以上経験者	87.5	12.5	0	0

「体力を高める運動」を「とても重要」であると回答する教員が非常に多くいます。これは,今次の学習指導要領における「体力向上」の強調が影響していることが推測されます。

(調査4) 「多様な動きをつくる運動(遊び)」の授業づくり・授業実践を他の運動領域と比べてください。

	とても楽	少し楽	少し難しい	とても難しい
初任者	0	19.4	61.2	19.4
5年経験者	0	19.4	61.2	19.4
10年以上経験者	0	33.3	60	6.7

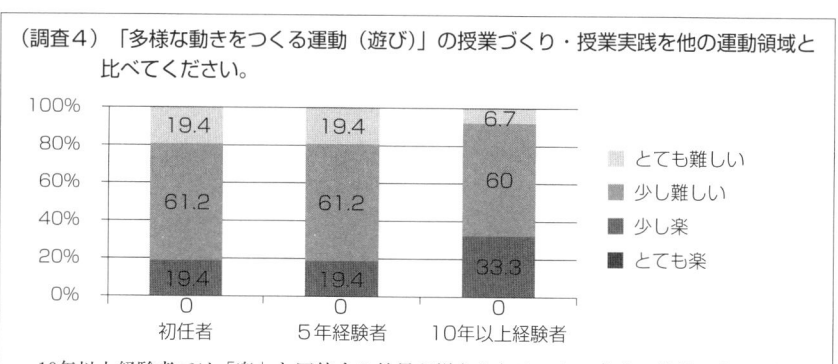

10年以上経験者では「楽」と回答する教員が増えるとはいえ,多くの教員が実践に難しさを感じています。これは,(調査5)と比較しても「難しい」という傾向にあることから,多くの人が実践の経験をしておらず,授業イメージに影響された回答になっていると考えられます。

(調査5) 「体力を高める運動」の授業づくり・授業実践を他の運動領域と比べてください。

	とても楽	少し楽	少し難しい	とても難しい
初任者	6.5	12.9	61.4	19.5
5年経験者	0	36.4	48.4	15.2
10年以上経験者	0	40	53.3	6.7

51

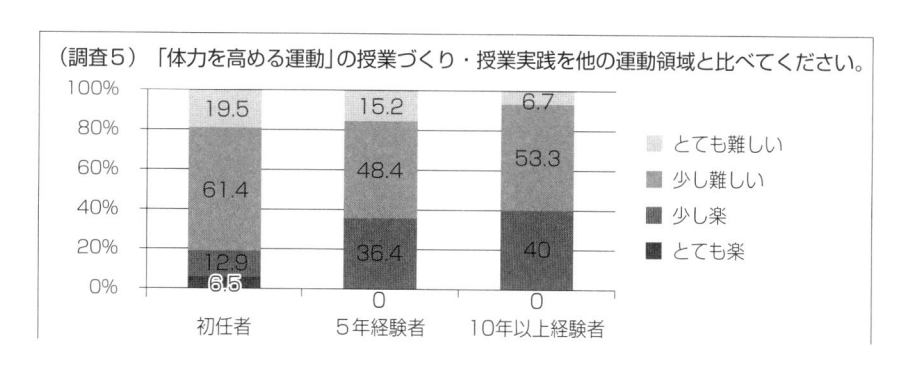

初任者では80％以上が「少し難しい」「とても難しい」と回答していますが、5年以上経験者では、半数以上が「少し楽」「とても楽」と回答しています。経験を通した授業に対する教師側の理解の高まりが、授業への負担感を軽減させていることが推測されます。

【まとめ】
　どのグループでも「体つくり運動」を「重要である」と回答する教員が多かったように、この領域に対する重要性についての認識は疑いようがありません。しかし、一方では多くの教員がその授業づくりに難しさを感じている傾向が見られ、これから「体つくり運動」の授業づくりについてどう取り組んでいったらよいのか、授業づくりのヒントを得たいという現場からのニーズの高まりを感じます。
　また、経験年数が多くなるほど、授業づくりへの自信がにじみ出てくる結果となりました。経験が豊富な教員ほど、これまでの実践による知識によって「体つくり運動」の趣旨が実感を伴って理解できるのではないでしょうか。
　（調査5）の質問項目で、「体力を高める運動」の授業づくり・授業実践を他の運動領域と比べて「とても楽」と答えていた方が、初任者にだけ6.5％いましたが、「体力を高める運動」を単なる体力を高めるためのトレーニングとして認識していないかという危惧もあります。

(編者)

2 現状と課題②
―――「体つくり運動」の実践に対する現場の実感と実際

　平成20年の学習指導要領の改訂により，小学校1年生から「体つくり運動」が導入され，「体つくり運動」に対する現場の教員の関心は高まってきているといえます。本稿では，筆者が参観したいくつかの授業実践を取り上げ，現場の実感と実際についての私見を述べたいと思います。
　2年生の「力試しの運動遊び」と「体を移動する運動遊び」を単元とした授業では，単元全体にストーリー性をもたせていました。いろいろな運動遊びの「探検マップ」を作成して児童に興味・関心をもたせ，「探検」に行くため必要な動きをマスターすることを学習内容として，授業の流れを組んでいました。また，意欲が継続するよう楽しみながら運動するように配慮していました。さらに，易しい動きから難しい動きへと，段階的に取り入れた授業を展開していました。この授業では，「楽しみながら運動し，体力を高めさせる」ということを基本的なコンセプトにして計画・実践されているように思われます。
　また，高学年の「体力を高める運動」として，柔らかさ・巧みな動き・力強さといった体力を高める場を設定した上で，体力の伸びが数値化してわかるような教材を工夫している授業を参観しました。児童のバランスのよい発育・発達を目指し，個々人の必要に応じた合理的な運動の仕方を学習させるために，多様で楽しい運動実践を通して，自己の体や身体活動の重要性に気づき，必要に応じた運動を自分で計画し，合理的で継続的に実践していく能力を育成することを企図していました。そのために，毎時間ごとに「知的理解タイム」という時間を設けて，運動する意味や仕方，現状分析などを具体的に理解させていました。「知的理解タイム」では，体力とは何か，またそれぞれの場で高めることができる体の部位を理解させ，自己の弱点分析と友だちとの意見交換をしました。また，「体力レーダーグラフ（自分の体力を得点化したもの）」を使用することで，自己の体力の高まりや友だちの弱点などを把握しやすくし，今日はどの部位の運動をして体力を高めるかといった意識づけをさせ，自ら運動に取り組む様子がよく見られました。また，単元を通してペア学習を取り入れ，互いに教え合う場面も多く見られました。このように，高学年では，体力の数値に着目して認知的理解を伴いながら指導する授業展開が多く実践されているように思います。
　さらに，4時間単元で，バランス感覚を身に付けることに注目した授業を参観しました。この授業は，バランススティックという教具を使用し，児童自ら生活や運動の中で，姿勢の崩れに対する身体の反応をよくして，身体をうまくコント

ロールできる体力を身に付けることをねらって実践していました。バランスステ
ィックを使うよさとしては，手軽に運動できる教材で厚さが2cmの細長い板状
のものであり，緑・オレンジ・青・黄・赤の5種類であり，幅がそれぞれ違って
います。児童にとって真新しく珍しい教具なので，大変興味をもち，さまざまな
姿勢で乗るという簡単な運動であることから，手軽にやってみたくなるように思
える教具でした。

　バランススティックを使って，「ねらい1」では，いろいろなバランス感覚の
とり方を個人やグループで行い，「ねらい2」では，いままで取り組んだ動きを
自分たちで工夫してさらに感覚を高めるような授業を展開していました。毎時間
の最後には，五つの運動(両足バランス・片足バランス2種類・かかとバランス・
1分間チャレンジ)を点数化した数値で体力の伸びを確認しました。

　以上のことから，現在の教師たちは，体力テストで示されている数値のよしあ
しが「体つくり運動」の学習の成果であると考える傾向にあり，「体つくり運動」
の重要性を体力値の向上と結びつけて考えている傾向にあることが見てとれるよ
うに思われます。そして，「体つくり運動」の実践に対する現場の実感と実際を
整理すると，以下のようにまとめることができると思います。
①教師側が用意した動きを身に付けたり，焦点化した体力の要素を楽しくトレ
　ーニングして身に付けたりするための授業づくりが見られる。
②体力値の高低にとらわれ，その数値を手がかりにした授業展開が多い。特に
　高学年では，認知的な理解を伴う学習なども展開されており，分析的に自分
　の体力を把握するような指導が行われている。
③体力を高めることのできる教材・教具の開発に力が注がれている。

(A市職員)

【現状と課題を踏まえて】

　ここまで見てきたように，現状では，「体つくり運動」の学習では多くの場
合，「動き方」の獲得・向上に中心的な視点が置かれ，「動きの『感じ』や『気
づき』」を大切にした「動きのおもしろさ」を中心とした実践は行われていな
いように見受けられます。このような現場の状況を踏まえると，「体つくり運
動」の学習観の捉え直しが急務であると考えられます。そこで，次節では，「体
つくり運動」の授業づくりに関して寄せられることの多い典型的な質問につい
て，「動きの『感じ』や『気づき』」を大切にした授業づくりの立場から回答し
ていきます。

(編者)

3 「体つくり運動」Q&A

Q1 「体つくり運動」と他領域の違いを教えてください。

> 大学時代に「体つくり運動」と他の運動領域には違いがあると教えられました。しかし，実際には何が違うのかがよくわからず，授業づくりに生かすことができていません。具体的に，「体つくり運動」と他の運動領域の違いを教えてください。

A 小学校の運動領域は，六つの領域で編成されています。それぞれの領域には特性があり，それらにふれる学習が求められます。これらの六つの領域のうち，「体つくり運動」を除く他の領域はスポーツをベースにした領域と考えることができます。小学校の場合は，それらのスポーツがもつ特性を大切にしながら，児童が取り組みやすいように，易しい内容で構成しています。

例えば，ボール運動系の場合，指導内容を三つの型に分けて示されましたが，小学校低学年では，ゴール型やネット型，ベースボール型の基礎を，型を超えて幅広く学ぶ運動として位置づけるため，型ごとの学習内容として示されていません。中学年では，○○型ゲームとして，児童が取り組みやすい「易しいゲーム」を行うことを示しています。型に応じたゲームといっても，例えば，教材としてサッカーそのものを用いてゴール型ゲームの学習を行えば，意欲的に学習できるのは，一部の得意な児童だけになってしまいますから，サッカーの特性を大切にしながらも，多くの児童が楽しめるようなゲームに工夫する必要があります。そして，高学年では「○○型」として「簡易化されたゲーム」を行うこととなっています。これは，スポーツのルールをもとにし，それを児童が学習しやすく「簡易化された」ゲームを行うことを意味します。この後，中学校，高等学校と進むにつれ，発達の段階を考慮しながら，しだいに授業で扱うゲームがスポーツに近づいていきます。つまり，発達の段階に応じて，技能を高めていくことを目指していきます。これは，「体つくり運動」を除く，五

55

つの領域におおむね共通した考え方です。

一方,「体つくり運動」は,心と体の関係に気づくこと,体の調子を整えること,仲間と交流することなどの体ほぐしをしたり,体力を高めたりするために行われる運動です。「体つくり運動」には,図3-1のように,内容として「ア 体ほぐしの運動」と「イ 多様な動きをつくる運動（遊び）（1～4年），体力を高める運動（5・6年）」が示されています。「ア 体ほぐしの運動」と「イ 多様な動きをつくる運動（遊び），体力を高める運動」の内容は,大きく異なるのではないかと思われるかもしれませんが,これらは,いずれかのスポーツに結びつくといった内容ではなく,さまざまな運動やスポーツの基になる心や体そのものを学習の対象にしていることで共通しています。これらの学習を通して,生涯にわたって自己の体と対話ができる資質を育てることを目指しているといえるかもしれません。そうしたことから考えますと,「体つくり運動」はさまざまな運動やスポーツにつながる素地となる畑づくりのようなものといえるでしょう。この領域では,体を動かすことの心地よさやそれによって変化が生まれる心と体への気づき,そして,基本的な動きを身に付けたり,体力を高めたりすることで,さまざまな運動やスポーツの基になる素地づくりの充実を目指すことが大切です。その重要性から,小学校低学年から高等学校修了年度まで,すべての学年で必ず指導することになっていることに留意する必要があります。

（白旗和也）

	小学校		中学校	高等学校
低学年	中学年	高学年	1,2,3年	1,2,3年
体ほぐしの運動			
多様な動きをつくる運動（遊び）	体力を高める運動		

小学校低学年から「体つくり運動」を規定
（小学校から高等学校まで全学年必修）

図3-1 「体つくり運動」

Answerを聞いて…

第4学年で「体つくり運動」を実践しました。前段運動では,「体ほぐしの運動」としてストレッチなどの体操,主運動では,「多様な動きをつくる運動」として,用具を使いながら移動したり,バランスをとったりする動きをワークショップで行いました。授業を終えて,私は,児童がワクワクするおもしろい動きやドキドキするような楽しい

動きをたくさん考えることに驚きました。児童は他の児童が考えた動きを「ぼくもやりたい」「もっとしたい」という気持ちで，楽しみながら運動を経験しました。このことが，「体つくり運動」ではいちばん大切だと気づくとともに，「やらされる体育」ではなくて，「進んでやる体育」をしていく必要があるのだと強く感じました。

また，その他の領域や運動の基礎となる動きを中学年で身に付けるということは，技能面で「○○ができた」ということだけではなく，児童が主体的に動きを楽しみながら運動に親しみ，経験することにつながると感じました。「○○な運動がもっとしたいな」「○○な運動が楽しいな」「やってみたいな」と生涯にわたって運動に親しむ資質や能力をいちばんにねらいとしなければいけないことだとわかりました。（広島・1年目・男）

Q2 「体つくり運動」の系統性について教えてください。

ある体育の研修会で指導者から系統性を大切にした「体つくり運動」の授業づくりをするように指導を受けました。しかし，「多様な動きをつくる運動」と「体力を高める運動」という内容からそのつながりに系統性を見出すことが難しく，困っています。「体つくり運動」の系統性についてわかりやすく教えてください。

A 新学習指導要領では，従来の高学年だけでなく，小学校の低・中学年にも「体つくり運動」が規定されました。この「体つくり運動」の内容として示されている「多様な動きをつくる運動（遊び）」と「体力を高める運動」はともに，体力を高めるために行われる運動です。しかし，低・中学年に示されている「多様な動きをつくる運動（遊び）」と高学年に示されている「体力を高める運動」では，児童の発達の段階を踏まえ，体力を高めることの捉え方や指導内容，指導の方法について十分に留意する必要があります。

低・中学年の児童においては，発達の段階から「体力を高める」ことの意義を理解し，このことを直接の目的にして運動することは難しいと考えられます。しかし，将来の体力の向上につなげていくためには，この時期にさまざまな体の基本的な動きを培っておくことが重要です。この時期に基本的な動きを身に付けることは，将来的な体力の向上だけでなく，さまざまなスポーツの技能を習得しやすくすることにつながると考えられるからです。そこで「多様な動き

をつくる運動（遊び）」では，体力の向上を直接の目的として行うのではなく，楽しく運動しながら，体の基本的な動きを身に付けることを目指していくことが求められます。つまり，授業のねらいとして，教師は児童が動きを身に付けることを目指しますが，児童にとっては楽しい運動（遊び）に夢中になって取り組んでいるのであり，運動の仕方を工夫し，新しい動きを見つけたり，動きのポイントに気づいたりしていくなかで，基本的な動きが身に付いていくと捉えることができるでしょう。そうした活動を十分行っていくなかで，結果として「体力も養われている」と考えられます。このことを小学校学習指導要領体育の低学年の目標には，高学年の「体力を高める」とは区別して「体力を養う」という言葉で示されています。

高学年に示されている「体力を高める運動」は，「体の柔らかさ及び巧みな動きを高めるための運動」と「力強い動き及び動きを持続する能力を高めるための運動」で構成され，直接的に体力を高めるためにつくられた運動であり，一人ひとりの児童が体力を高めるためのねらいをもって運動をすることが大切です。「多様な動きをつくる運動（遊び）」や「多様な動きをつくる運動」で身に付けた動きや動きの組み合わせをもとに，体力の必要性や体力を高めるための運動の行い方を理解し，自己の体力に応じて体力つくりが実践できることをねらいとするものです。

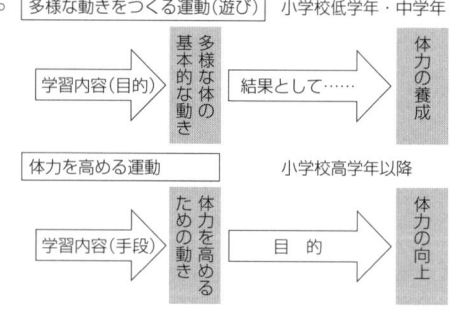

図3-2は，「多様な動きをつくる運動（遊び）」と「体力を高める運動」の指導の違いを簡単に示したものです。「多様な動きをつくる運動（遊び）」は，基本的な動きを身に付けていくこと（目的）で，結果として体力が養われること，「体力を高める運動」は，体力の向上を直接の目的として行うが，限られた時間では，体力そのものの向上は難しいことから，体力の高め方（手段）について，運動

図3-2 「多様な動きをつくる運動（遊び）」と「体力を高める運動」の違い

を通して学習することを示しています。このように，系統性を踏まえて体力を高めるために行われる運動を指導する際には，発達の段階に応じた指導を行うことが何より大切です。

(白旗和也)

Answerを聞いて…

　私は，低・中学年における「体つくり運動」の授業が，将来の体力の向上において，とても重要だと感じました。この発達の段階の子どもにとっては，体力の向上を直接の目的として運動するのではなく，楽しく運動しながら，自然と基本的な動きが身に付いていくような授業をすることが大切だとわかりました。

　現在，私は低学年を担任していますが，「体つくり運動」の指導において，子どもの体力を向上させることを意識するあまりに，いかに効率よく上手にさせるか，いかに巧みに動かせるかなどと考えがちになってしまいます。それよりも，この運動は何のためにさせるのか，どのようにしたら子どもが自ら学び，その中で多様な動きができる授業をつくれるのかを考えることが大切だと感じました。そうすることで，結果として「体力も養われる」のだと思います。

　「体つくり運動」の系統性を踏まえた上で，発達の段階に応じた指導を行い，体力を高めるために行われる運動を指導していきたいです。

(東京・3年目・女)

Q3 「多様な動きをつくる」ための具体的な方法を教えてください。

　「多様な動きをつくる運動（遊び）」が導入されましたが，何をどうやって「つくる」のかよくわかりません。具体的な活動や授業づくりの具体的な方法を教えてください。

A　平成20年に改訂された学習指導要領に新しく「多様な動きをつくる運動（遊び）」が導入されることになった背景には，現在の子どもたちにおいて，自分の体を操作する能力が低下していることがあります。この「多様な動きをつくる運動（遊び）」を通して，「バランスをとる運動（遊び）」「体を移動する運動（遊び）」「用具を操作する運動（遊び）」「力試しの運動（遊び）」などのさまざまな動きをバランスよく身に付け，最終的には，基本的な動きを子どもたちが総合的に身に付けることが求められています。

「バランスをとる運動（遊び）」のポイントは，重心の移動に伴い，自分の体幹や体のコアな部分を感じながら，四肢をはじめとした多くの運動器官を上手に使い，体のバランスを保つことにあります。「体を移動する運動（遊び）」のポイントは，足の裏や足の側圧をうまく使って，速さ・リズム・方向などを変えて体を移動させる動きをすることにあります。「用具を操作する運動（遊び）」のポイントは，用具と自分とのかかわりを感じ，用具などの動きにタイミングよく反応しながら用具を操作する動きを身に付けることにあります。また，「力試しの運動（遊び）」のポイントは，自分の筋力を使い，力の入れ具合いを調整しながら，人を押したり引いたり，運んだり支えたりする動きを身に付けることにあります。それぞれの運動（遊び）には，さまざまな動きの例示が，学習指導要領や文部科学省の「多様な動きをつくる運動（遊び）」のパンフレット（p.26，図2-2）に掲載されています。

　「多様な動きをつくる」とは，体を動かす楽しさや心地よさを味わいながらさまざまな動きを経験することによって，動きのレパートリーを増やし，基本的な動きを身に付けていくこと，例示されている四つの種目をバランスよく扱い，基本的な動きを総合的に身に付けること，さまざまな動きを何回か経験することによって，無駄な動作を少なくし，動きの質を高め，洗練された動きにしていくことです。そのためには，年間指導計画の位置づけと単元計画の作成が大切です。

　先に述べたことと考え合わせると，他の単元と同様，年間12〜15時間は確保して年間カリキュラムに位置づけたいものです。配当は，5時間ずつ3学期に分ける方法や6〜7時間ずつ前期・後期に位置づける方法など，各学校の実態に応じて作成します。単元計画では，主単元の前の準備運動的に扱ったりすることなく独立単元で扱うこと，興味・関心の持続や発達の特性を考慮し，一つの運動（遊び）だけを取り上げるより，二つ以上の運動（遊び）を組み合わせるようにすること，一つひとつの動きをじっくりと経験できる時間を確保することが大切です。子どもたちがはじめて経験する動きも多いため，子どもたち自身がどんな動きなのかがわからないと，動きのコツをつかむことも困難であ

り，動きを身に付けることもできません。教師が動きを提示し，はじめはみんなで一緒にやってみることが必要です。

ただし，単調な動きの反復に終始することのないよう，音楽を使ったり，場を工夫したりして，子どもたちが楽しく運動に取り組めるようにしたいものです。

また，子どもたちの「もっと○○をやってみたい」「今度はこうしてみたい」「今度は友だちと一緒に○○をやってみたい」という欲求に応じ，その欲求を充足するためにも，動きを選んで広げたり，動きを工夫したりする時間を確保し，動きをさらに深められるようにすることも大切です。

教師の提示のもと，みんなで一緒の動きをしている場面

（杉本眞智子）

Answerを聞いて…

回答のとおり，本校では年間指導計画に「多様な動きをつくる運動（遊び）」の指導時間を確保して，独立単元として指導に取り組んでいます。今回は，「体のバランスをとる運動」と「用具を操作する運動」を組み合わせて3年生で授業を行いました。

単元の前半では，教師が動きのポイントをしっかり一斉指導して運動を行わせました。そのことで，動き方に不安をもつ子どもも出ず，じっくり運動ができました。一人ひとりが動きのコツをつかみ，動きの高まりが確認できました。

単元の中盤から後半になると，動きを工夫する時間を設定しました。友だちが紹介してくれた動きをやってみたり，自分たちで新しい動きを創意工夫したりと，みんな楽しみながら動きを試していて，目がキラキラしていました。

単元を通して，楽しく友だちとふれあいながら運動できたと思います。そして，動きの高まりや動きの多様さも確認することができました。　　　　　　（埼玉・11年目・男）

Q4 「体力を高める運動」が単調にならないための工夫を教えてください。

> 「体力を高める運動」を意欲的に取り組ませることに難しさを感じています。子どもたちに努力を強いて，反復練習をさせることにとどまり，単調になってしまい，子どもの意欲が高まっていないように感じます。「体力を高める運動」が単調にならないための工夫を教えてください。

A この問いに答えるためには，高学年の「体力を高める運動」の性格を確認しておく必要があります。学習指導要領によると，これまで学習してきて「身に付けてある動きや動きの組み合わせをもとに，体力の必要性や体力を高めるための運動の行い方を理解し，自己の体力に応じて体力つくりが実践できること」がねらいとなっています。そして，体力の向上を直接のねらいとして行われる運動であると考えられています。

特に高学年は「体の柔らかさ及び巧みな動きを高めるための運動」に重点が置かれています。これは，高学年という発達の特性を考慮されてのものです。つまり，過度に筋に負荷を加える運動や動きを持続する能力に働きかける運動では効果が上がりにくいという発達の側面があるのです。

ここで気をつけたいことは，「体力の向上を直接のねらい」と考えられているのですが，それはトレーニング的な学習を指すものではないということです。子どもにとってはやってみておもしろいと感じる運動である必要があります。どんなに「体力が向上するよ」といわれても，やってみておもしろいと感じなければ，続けてやっていこうという意欲がもてないのではないでしょうか。

そのため，単元のはじめにステーション学習を行い，子どもたちに何種類もの運動に取り組ませます。子どもたちはまず「やってみる」ことで自分に合う運動を選択できるようになります。そして，単元の途中で，こだわりたいものを選択させ，それに取り組む時間を多く設定したり，自分たちで行い方を工夫したりすることもよいでしょう。

特に，子どもたちにとって，自分たちで工夫した運動には何らかの価値づけがされるものです。子どもたちはやってみる過程で直感的に「おもしろい」と

動機づけられながら活動します。この「おもしろい」と感じるのは，その運動に感覚的なおもしろさを見出しているからです。

　これは，単に友だちと競争して「おもしろい」と感じることとは違います。このような活動を行うときにすぐに競争を取り入れるのは早計です。競争させると一見楽しそうに運動を行っているのですが，子どもたちの志向性が勝敗に傾くあまり，本来ねらいたかったその運動を行う必要感や運動の行い方を理解することがおろそかになります。それでは，自己の体力に応じて体力つくりが実践できる能力は育ちません。

　また，高学年の子どもたちにはめあてをもたせて運動に取り組ませることも求められます。それぞれの運動に段階的な小さな目標があったり，自己の体力の現状を数値として理解していたりすると，子どもたちはめあてにしやすくなるでしょう。いずれにしても，子どもたちにめあてをもたせ，少しずつでも高まっていく実感が得られることが次への意欲につながると思います。

　この学習では，運動実践者である「私」を見つめ直すことが求められます。このことが学習指導要領にある「体力の必要性や体力を高めるための運動の行い方を理解する」ことにつながるのではないでしょうか。したがって，授業の中で子どもが自分を振り返ることができるような仕掛けが必要となります。

　以上，授業づくりで求められることは，①その運動の何がおもしろいのかということの明確化，②めあてのもたせ方，③子どもたちの創意工夫を生かす，④振り返り，の4点です。

　この4点を念頭に置きながら，まずは教師も「参加者」となって子どもたちとともに運動のおもしろい世界にその身を委ねてみてはいかがでしょうか？授業が単調にならなくなる一歩が踏み出せるのではないでしょうか。**(成家篤史)**

┌─ **Answerを聞いて…** ─────────────
│
│　「体力を高める運動」の授業づくりで求められることが，①その運動の何がおもしろいのかということの明確化，②めあてのもたせ方，③子どもたちの創意工夫を生かす，④振り返り，の4点であることを知りました。
│　私は，回答をもとに，棒の上に立ちながらのボールパス，平均台を移動しながらのボ

ールパス，6本線の放射線をまたぎながらの鬼ごっこなど，子どもたちが何種類もの運動に取り組めるよう，場の設定を行いました。
　子どもたちは，こだわりたいものを自由に選択し，「どうすればもっとうまくできるかな？」と友だちと相談したり，自分で動きを創意工夫したりと，運動することに楽しみを見出していました。また，回を重ねるごとに，それぞれが自分のめあてを更新し，力を伸ばしていました。
　これからも，この4点を念頭に授業づくりを行い，「体力を高める運動」が単調な運動でなく，子どもの欲求を駆りたてるような運動になるよう心がけていきたいと思います。

（東京・6年目・男）

Q5 どのようにしたら効果が上がるか教えてください。

「体つくり運動」を行っていると，子どもたちは楽しそうに行うのですが，いまひとつ効果が上がっているかどうかがわかりません。授業でどのように行うと効果が上がるのか教えてください。

A　子どもたちが「体つくり運動」を楽しそうに行っているということはとても大事なことだと思います。まず，体育の授業で基本となってくることは，子どもたちが「楽しい」と思って活動していることだと考えています。その上で，より効果を上げるには？　という視点で，私の考えを3点述べます。

　まず一点めとしては，子どもたちに意図した動きを発生させたり，「気づき」を促したりするようなきっかけづくりが大切です。授業で子どもたちは何をしてもよいのではなく，教師の側には子どもたちに味わってもらいたいものがあります。それに向けて，教師は意図的に働きかけていきます。それを「きっかけづくり」と呼んでいます。

　きっかけづくりとしては，例えば，テーマを意識させることが必要です。そのためにも，まずはテーマの中身をよく吟味することが大切です。その上で，教師は子どもたちに発問や称賛などの言葉かけをしながら，授業のテーマとなっていることに子どもの意識を揺り戻すのです。やらせっぱなしではいけません。筆者の場合は，よい動きをどんどんほめたり，「どんな感じがするの？」

と声かけしたりするようにしています。声かけに対して子どもが「楽しい」とだけ答えるときは，「どんな動き方をすると楽しいの？」「どこに気をつけて運動すると楽しいの？」などと切り返します。そうすることで，子どもたちは再び思考し，「気づき」が促されていくのです。

また，用具の提示の仕方も大切なきっかけづくりです。多種多様な用具を子どもたちに提示すると子どもたちは楽しそうに行うのですが，あまりにも用具が多種多様だと，深まりを感じられない授業になることがあります。例えば，同じ「ボール」で，スポンジボール，ソフトバレーボール，ビーチボールなどといろいろな種類を用意するのはよいと思います。

しかし，ボール，フラフープ，跳び縄，体操棒などのように用具が多様だと，その用具を使用した動きを広げたり深めたりするときに難しさがあると感じています。多様な用具を操作することは大切なことです。どのような手順で提示するのか，どのように共有させるのか，といったことを検討した上で，意図的な用具の提示が大切です。

二点めは，多様な動きが発生するような授業づくりが求められます。子どもたちが創意工夫して，自分たちで運動のおもしろさを拓いていける自由度のある授業づくりです。子どもたちが「体つくり運動」の行い方を創造できるような授業構成にし，ワークショップなどを活用して共有化し，また，自分たちに戻って深めていくというような授業づくりが考えられます。

ここでも気をつけなくてはならないことは，先ほど述べたのと同様に，「テーマへの揺り戻し」です。教師は意図的に働きかけ，子どもたちの活動をテーマへ揺り戻していく必要があります。そのためにも，事前にどのような動きを称賛するのか，どのような場の工夫を称賛するのか，などといった見通しをもって，授業に臨むことをおすすめします。やはり，そこの部分がノープランで子どもに任せっぱなしだと，授業が意図してい方向とは違った方向へ流れていくことが多いです。

三点めは，マネジメントの問題です。子どもが列をつくって，待ち時間が長すぎたり，準備に時間がかかりすぎたり，教師の話が長すぎたりするなど，実

際に活動している時間以外の部分が長いと，子どもの運動したい欲求を満たすことができません。マネジメントを工夫して，子どもの運動欲求に応える授業を行っていきたいものです。

　以上，3点述べました。より効果的な授業を目指し，創意工夫した授業づくりに取り組んでいただきたいと思います。
(成家篤史)

> **― Answerを聞いて…**
>
> 　まず，「きっかけづくり」ということで，子どものよい動きをどんどんほめる言葉を私もたくさん言っていこうと意識しています。しかし，「気づき」を促すためにどんな声かけをすればよいのかはわからなかったため，教師の意図を効果的に感じさせる発問ができませんでしたが，これからの指導では，Answerで例示された声かけを参考に発問していきたいと思います。
>
> 　次に，「自分たちでおもしろさを拓いていけるような自由度のある授業づくり」をするために，事前にしっかり見通しをもてるように教材研究をしなくてはいけないことを，あらためて強く感じました。また，授業で行った「体つくり運動」を，子どもたちがふだんの遊びの中でも行うような指導をできればいいなと考えながら，指導に臨んでいます。
>
> 　そしてマネジメントについては，子どもたちの十分な活動時間をきちんと確保しなくてはいけないこともよくわかりました。つい説明が長くなってしまったり，待っているだけの子どもをつくってしまったりしないように工夫していきたいと思います。
>
> (埼玉・4年目・男)

Q6　個人差にどのように対応したらよいか教えてください。

　器械運動系や水泳系の運動などの他の運動領域でも同じなのですが，「体つくり運動」でも体力の高い子と体力の低い子の差が大きいことが悩みの種です。一人ひとりの学びを大切にするために，個人差にどのように対応したらよいか教えてください。

A　子どもたちの就学前の運動経験によって，体育の時間における技能差には大きな開きが見られます。

　「多様な動きをつくる運動(遊び)」においても，比較的易しい動きであっても，

第3章 「体つくり運動」Q&A

すぐにできる子となかなかできない子がいます。そのため単元のはじめに，一つひとつの動きをじっくりと経験し，動きを確認しながら習得する時間を設けます。教師の提示のもと，みんなで一緒に活動します。ここでは，なかなか動きができない子に対しての支援として，教師の補助と効果的な言葉かけがあげられます。そのためには，教師自身がその動きや動き方のコツを知っている必要があります。（資料Ⅰ参照）

また，動きがよくできる子は，できるためのコツを発表したり，友だちに動きのコツを教えてあげたりします。また，少し難度や負荷（速さ・重さ・大きさなど）を上げた動きを提示し，挑戦させてもよいでしょう。（資料Ⅱ参照）

子どもたちが自分で場を選んだり，動きを工夫したりする時間は，一人ひとりがめあてをもって活動する場面なので，運動能力の低い子どもたちは，前半にやった易しい動きをもう一度

資料Ⅰ

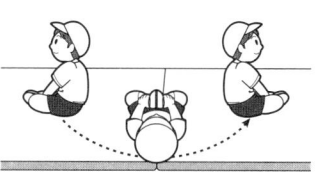

「左右に体をふって勢いをつけて回ってごらん」
「背中でなく，肩をつくんだよ」
「右（左）肩→左（右）肩と順につけて回ってね」
補助：子どもの肩をもって左右に揺らし補助しながら回してあげる。

「お互いに背中で押し合うといいね」
「2人で声をかけてタイミングを合わせてごらん」
補助：「せーの」と声をかけながら，組んでいる腕を持ち上げる。

資料Ⅱ

もう少し重くして

小さいボールで

片手だけの支持で

67

じっくりと取り組んだり，少しできるようになったら友だちとやってみたりして楽しむこともできます。また，運動能力が高い子どもたちは，動きを工夫したり広げたり，友だちとかかわりながら競争したり人数を増やしたりするなど，動きを深め，楽しむことができます。

　この「多様な動きをつくる運動（遊び）」は，器械運動や陸上運動のように「できる」「できない」「跳べる」「跳べない」がはっきりしている領域ではありません。授業を工夫したり，教師がたくさんの声かけの引き出しをもつことにより，子どもたち一人ひとりが自分のもっている力で十分に楽しむことができる運動（遊び）です。低学年・中学年のこの時期に，ねらいをはっきりとした活動を楽しく行いながら，自然と動きが身に付き，しっかりと動ける体を育成していくことが大切です。

（杉本眞智子）

―― Answerを聞いて… ――――――――――――――――――――――

　「用具を操作する運動遊び」の中の「用具を転がすなどの動き」の実践を2年生で行いました。単元のはじめは，動きをじっくり経験させて習得させることにしました。はじめは輪を5m転がせる子は全体の3割ほどにとどまっていましたが，コツを指導すると，ほとんどの子が5m輪を倒さないように転がすことができるようになりました。

　また，単元中盤の場を選ぶ，工夫する時間では，前回行った動きを確認しながら，一人ひとりが創意工夫した活動をできるように場を設定しました。失敗から生まれた偶然の動きがおもしろかったり，輪からいろいろな動きを考えて遊んだり，競争したりしている子どもたちはとても楽しそうでした。

　授業後には，なかなかできなかった子とすぐにできた子の双方から「もっとやりたい！」という声を聞くことができました。

（埼玉・11年目・男）

第3章 「体つくり運動」Q&A

Q7 「体つくり運動」の評価の仕方を教えてください。

> 単元が終わりに近づくと，評価のことが気になってしかたがありません。結局，記録にばかりに目がいくのですが，先輩からは「結果ばかりでなく，過程を評価するように」といわれました。なんとなくしかイメージできず，具体像をもてません。「体つくり運動」の評価の仕方を教えてください。

A 評価のことを気にするのは，子どもだけではなく，先生も同じですね。私も，この評価は正しいのかと不安になることも少なくありません。ところで，質問された中で取り上げられる評価は，いわゆる単元の終わりにする学びの全体に対する評価であると推測されます。そこで，この一般的に総括的評価などといわれる単元の終わりに行う評価の考え方について考えてみることから，この質問に回答をしたいと思います。

　単元の終わりに，学習の確かめといった意図で，体力測定を行う先生も少なくないでしょう。例えば，縄跳びの技がどれくらいできるようになったかテストすることなどを行うこともあるのではないでしょうか。これは，巧みな動きが高まったかどうかを，技のできる数を指標にして評価するものといえるでしょう。しかし，単元前にすでにたくさんの技ができる者もいれば，そうでない者もいます。したがって，記録によって基準を一定にして評価をすると，単元に入る前からすでに十分満足できる学習ができているという子どもがいる可能性があります。しかし，学習評価は，「学習したことを評価する」ことです。身体能力の高低にかかわらず，学習における変化を評価します。したがって，一律の数値基準だけでは，学習者がよりよい学習をしたかどうかの評価をすることはできません。したがって，単元の終わりでの評価は，もちろんテストなどをしてもよいとは思いますが，それは，単元のはじめから終わりまでの変化を評価することから行われるべきです。では，縄跳びでいえば，できるようになった技の数で評価すればよいのでしょうか。「A君は，2個できた技が10個できるようになった。Bさんは，8個できた技が10個できるようになった」などと聞くと，A君はよく頑張ったと感じるのではないでしょうか。しか

し，その伸びには個人差がありますし，そのスタート時点での力量によっても大きく異なりますので，一概にできるようになった技の数では評価できないことは，皆さん理解できるところだと思います。どちらにしても，このように最初にとった記録と最後にとった記録の比較から評価を行うことは，評価観が変わり，発展した一つの表れであるとは思います。しかし，私には，どうも腑に落ちません。それは，学習の変化とは，たとえ技能を評価するとしても，記録の伸びだけではそれを測定できないと思うからです。記録を伸ばそうとどのように身体活動に取り組み，身体活動を行ったかという視点から発揮された技能や，それと関係する思考・判断や意欲・関心も大変重要になります。したがって，私は，学習者が「どれくらい体力が高まったか？」という視点から，「体力を高めようとどのように運動にかかわっているか？」という視点へと，評価の視点の転換が必要だと思っています。記録の変化は，評価の情報の一つとはなりますが，それをイコール技能の成果に還元することには，いささか疑問を感じます。むしろ，体力を変化させることのできる明確な目標をもち，工夫して活動し（思考・判断），積極的かつ自律的に（意欲・関心），一人ひとりの力に応じて体力を変化させる（技能）ことができることが大切であると思います。そのために，二つの提案をします。

1）授業を計画する際に，観点ごとに分けずに，全てを含みもつ評価規準を設定して，それに従って評価を行ってみてはいかがですか？
2）結果の姿ではなく，変化している姿を評価規準として設定し，評価してみてはいかがですか？

このように評価することによって，結果ではなく過程を評価できる，学習と指導に生かされる評価ができるのではないでしょうか。　　　　　　（鈴木直樹）

―Answerを聞いて…――――――――――――――――――――――
　私自身も，「体つくり運動」（体力を高める運動）の授業を実践したときに評価の仕方について考えさせられました。このＱ＆Ａを読んで，「体つくり運動」の学習評価のあり方をあらためて整理することができました。
　授業の中の活動だけで体力を高めることを目的とするのではなく，実践の中で大切な

ことは，活動を通して，児童が体力の高め方を知ることや，体力を高めることに関心や意欲をもつことだと考えます。評価といえば，結果や記録に目が向きがちですが，そこで評価するのではなく，児童が「体力を高めようとどのように運動にかかわっているか？」という視点をもち，児童の姿（行動・発言・友だちとのかかわりなど）から評価していくことが重要だと思いました。児童の変容に気づくためには，体育の時間だけでなく，日ごろから児童の様子や状態を把握し，関係を築いておくことも大切だと思います。また，評価は一時のものですが，それをきっかけに「体つくり運動」の効果が多面的に，長きにわたって現れれば，それがいちばん素晴らしいことだと思います。

　これからもこれらのことに留意して，児童が運動に親しみ，生涯スポーツにつながっていく「体つくり運動」を実践していきたいです。
（広島・5年目・女）

ちょっと一息

「コーディネーショントレーニング」とは？

　「失敗は成功のもと」という言葉はだれもが聞いたことのある言葉であると思います。はたして体育の授業でこの言葉は当てはまるのでしょうか？　失敗すると記録が伸びない，失敗するとチームに迷惑がかかるといったように，失敗を恐れ，運動本来の楽しさを味わう前に意欲が低下してしまう場面を見かけることがよくあります。これでは本末転倒です。コーディネーショントレーニングでは，失敗するからさらに挑戦しようという意欲が高まり，失敗を通じて新たな動きを生み出していくような運動であります。

　例えば，クラップキャッチというボールを使ったエクササイズがあります。ボールを上に投げ，再びボールを捕る間に，手を何回叩くことができるか？といったエクササイズです。当然，はじめはボールを捕ることもできない児童がいます。また，手を叩く回数も少ないのが当たり前です。しかし，そこでは，何度失敗してもあきらめる児童はいません。失敗するからこそまた挑戦しようという意欲があふれ，手を叩く回数を増やそうと自然に動きが滑らかになり，新たな場所（足，頭など）を叩くといった運動を生み出すことにもつながっていきます。運動本来の楽しみや運動本来のクリエイティブな面を自然とはぐくんでいくような運動がコーディネーショントレーニングです。

　スキャモンの発育・発達曲線では，学童期に神経系を刺激するような運動を行うことが効果的であることが明らかになっています。コーディネーショントレーニングは一見，単なる「遊び」と思われますが，遊びの要素を取り入れながら，直接神経系を刺激し，動きやパフォーマンスを合理的，効率的に発揮することを目的としています。コーディネーション能力の構造については，①定位能力（相手やボールなどと自分の位置関係を正確に把握する能力），②変換能力（状況に応じてすばやく動作を切り替える能力），③連結能力（関節や筋肉の動きをタイミングよく同調させる能力），④反応能力（合図にすばやく，正確に反応する能力），⑤識別能力（手や足，用具などを精密に操作する能力），⑥リズム能力（動きをまねしたり，イメージを表現したりする能力），⑦バランス能力（不安定な体勢でもプレイを継続する能力）という七つにまとめられます。七つの構成要素が密接にかかわりながら相補的な役割を担っていることを意識しながら，より魅力的なエクササイズを提供し，児童とともに工夫・改善していくことが求められます。

（綿貫　功）

第 **4** 章

「体つくり運動」の
授業実践

実践例の読み方

実践例 〔中学年〕

"ドキドキ バランスワールド"

(体のバランスをとる運動)

1. 探求したい動きのおもしろさ

   ● 不自由な状況で体を巧みに動かせたり，動かせなかったりすることがおもしろい。

2. 動きのおもしろさを「感じる」工夫

   体が安定した状態で移動することができないという不自由である状況が子どもの「学びがい」を触発し，バランスをとることの必然性を生む。平均台を活用することでバランスをとるおもしろさにふれやすくする。【過】【材】

3. 学びでの「気づき」の工夫

   教師が積極的に場に参加し，「どんなふうに動いたときグラグラを感じた？」などと子どもに問いかけることで「気づき」を促すようにする。【声】

> 【単元タイトル】
> 単元名はこの授業で子どもに味わわせたいおもしろさや教師の願いなどを簡潔な言葉で表しています。

> この授業を構想する上でもとにしたことです。本単元で取り上げる動きのおもしろさを子どもの立場に立って捉えました。

> 子どもが探求したいおもしろさを「感じる」ための具体的な手立てを示しています。

> 動きのおもしろさで「感じ」たことを「気づき」へと促すための具体的な手立てを示しています。

「2」，「3」の工夫について，どんな観点での工夫であるかについて各文の最後に【 】で示しています。

学習過程の工夫…【過】　　学習形態の工夫…【形】　　学習評価の工夫…【評】

教材の工夫…【材】　　　　教具の工夫…【具】　　　　教師の支援の工夫…【支】

マネジメントの工夫…【マ】　　教師の声かけの工夫…【声】　　その他…【他】

4. 学びを見取るための視点（評価規準）

	無意識 ・・・・・・・・・（気づき）・・・・・・・・・ 意識			
	「気づき」／「感じ」	動きのおもしろさへの気づき	動きの出来事への気づき	動きを工夫するための気づき
違和感	身体が不安定な感じ	バランスをうまくとることができないが、バランスをくずす感じを楽しんでいる。	バランスをとるおもしろさに気づき、安定した場を生み出そうと試している。	課題を易しくして動きの安定さを保とうと工夫し、おもしろさにふれている。
（感じ）	身体が安定した感じ	バランスが安定しているが、その動きをすることを繰り返し楽しんでいる（快感覚にふれている）。	バランスくずしのおもしろさに気づき、不安定な場を生み出そうと試みている。	課題を難しくして動きの「安定／不安定」の均衡を保とうと工夫し、おもしろさにふれている。
一体感	身体が安定したり、不安定になったりする感じ	バランスを安定させようとして「できるか／できないか」という動きのおもしろさを味わっている。	バランスの「安定／不安定」の狭間で、バランスくずしの条件に気づき、それを生かそうとしている。	課題の困難性を保ちながら、技能の向上とともに、行い方の工夫、仲間との協働で運動のおもしろい世界にふれている。

→ 教師が子どもの学びを見取っていくための規準を表にしています。この規準を考えることで子どもの学びを見る視点が変わり、働きかけを工夫できます。

→ 矢印は学びの見通しを表しています。

5. 単元の流れと実際

	第1時 → 第2時	第3時 → 第6時
15	グラグラを楽しもう。（グループ内学習）	マットと跳び箱を使ってグラグラを楽しもう。（グループ内学習）
30	友だちのテーマパークを楽しもう。（ワークショップ）	友だちのテーマパークを楽しもう。（ワークショップ）

→ 単元の流れを大まかに表しています。

6. 学びのあしあと

[第1・2時]

「平均台を使ってグラグラを楽しもう」という投げかけで本単元の学習をスタートさせた。……（以下略）

→ 子どもの学びのあしあとを、授業中の写真やイラストを交えながら授業者が報告しています。授業者の生の声で子どもたちの様子を伝えられるように書いています。

7. 授業を振り返って

この授業では「座った状態」を許容しました。……（以下略）

→ 学びのあしあとを振り返り、子どもの学びを整理することで、授業改善への糸口を模索します。

実践例1 〔低学年①〕
"いろいろなリズムで，走ったり跳んだりしてみよう！"
（体を移動する運動遊び）

1．探求したい動きのおもしろさ

> ●いろいろなリズムや速さで，走ったり跳んだりするときに，思いどおりに体をコントロールできることがおもしろい。

2．動きのおもしろさを「感じる」工夫

　「いろいろなリズムや速さで，走ったり跳んだりしてみよう！」というテーマのもと，自分たちで場づくりや行い方を試行錯誤することにより，動きのおもしろさを感じると考えられる。そこで，学習材＊としてカラーポストとカラースティックを用いる。置く位置やスティックの高さを簡単に変えられるため，場づくりが容易である。何度も走ったり跳んだりすることにより，動きの多様化と洗練化がはかられてくる。また，同じモノを使用することにより，場づくりや行い方の工夫が共有しやすくなる。【材】

　＊学習材……教材とはもともと教えることを主眼とした概念であり，学習材とは子どもが自ら学習することを主眼とした概念である。

3．学びでの「気づき」の工夫

　子どもの自由な発想を生かしながら，単元半ばから「お店屋さんごっこ」（ワークショップ方式）の学習形態を用い，動きをオノマトペ（擬音語・擬態語）で表現しながらグループ間の共有を促す。【形】

4．学びを見取るための視点（評価規準）

		無意識・・・・・・・・・（気づき）・・・・・・・・・・意識		
	「気づき」「感じ」	動きのおもしろさへの気づき	動きの出来事への気づき	動きを工夫するための気づき
違和感	身体がぎこちない感じ	自分たちの場で止まらないで移動できるかできないかを楽しんでいる。	等間隔な場のリズミカルさに気づき，行い方を試みている。	簡単な場で行い方を工夫して止まらないで移動を楽しんでいる。
（感じ）	身体が新たな場に対応できたりできなかったりする感じ	リズムをくずす場でも対応できるかどうかを楽しんでいる。	他グループの場で止まらないで移動できるかできないかを楽しんでいる。	他グループの場や行い方の違いを共有し，できるかどうかを楽しんでいる。
一体感	身体が自在に動く感じ	どんな場でも止まらないで移動できることを楽しんでいる。	リズムがくずれる場でも自在に身体をコントロールできることを楽しんでいる。	共有したおもしろい場や行い方を自分たちのグループに生かし，仲間と運動することのおもしろい世界にふれている。

5．単元の流れと実際

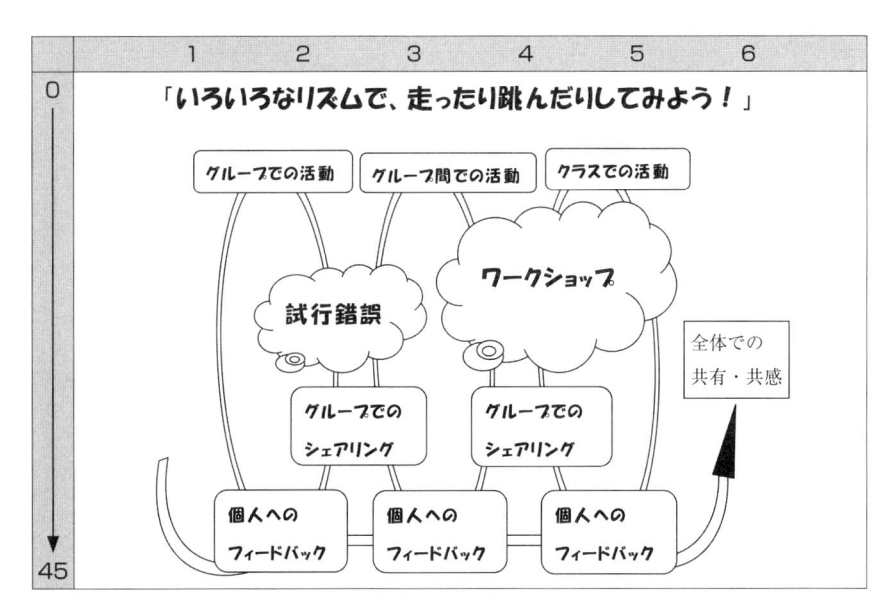

「いろいろなリズムで、走ったり跳んだりしてみよう！」

グループでの活動　グループ間での活動　クラスでの活動

試行錯誤　ワークショップ

グループでのシェアリング　グループでのシェアリング

全体での共有・共感

個人へのフィードバック　個人へのフィードバック　個人へのフィードバック

6．学びのあしあと

[第1時]

　子どもたちは，カラーポストとカラースティックを組み合わせることにおもしろさを感じ，いろいろと場をつくり変えて何度も走っていた。カラーポストの間隔を広くしたり狭くしたり，カラースティックの高さを変えたり，コースをジグザグにしたりといろいろなことを試していた。

　モノに誘われ夢中になっていた様子が十分うかがえた。しかし，動き方に関してはグループの中でも共有されてはおらず，オノマトペについてもどのように表したらよいのかがはっきりしない子が多数いることが確認された。

　振り返りでは，教師が話し合いの輪に入り，どんな動き方がおもしろかったかを話し合い，学習カードに記入させた。

（写真内吹き出し：どんな場をつくろうかな。）

[第2時]

　何回も跳んで自分のリズムを見つけたら，同じグループの友だちに教えて，一緒にやってみようと話して学習に入った。グループ内での共有をねらっての言葉かけだった。

　子どもたちは，第1時と同じように用具の配置を変えて試行錯誤を繰り返していた。教師の支援として，各グループを回りながら，跳んでいる子どもの動きを口伴奏でオノマトペに表していった。また，調子よく跳んでいる子には，友だちに動き方を教えて，一緒に跳んでみるように促した。友だちと同調して走り跳ぶおもしろさを感じることができてきた。教師の目からは，グループ内の動きの共有がはかられてきたと感じた。

（写真内吹き出し：リズムが合うとおもしろいね。）

[第3時]

　自分たちのグループの場をつくり，何度も走って自分のリズムを見つけることと，グループの中で，友だちの動きをまねしてみることをアドバイスした。前時と同じような場をつくるグループが二つ出てきたが，他のグループは，毎回場のかたちが変わっている。場をつくるときに，直線を意識できるように大きなコーンを体育館の直線の上に置いておいた。はじめは，直線の上にコーンを並べる場がほとんどであったが，直線から少しずつずらして意図的にジグザグになるように場をつくり変えてきている。

　走り方に関しては，場との関係からスキップやギャロップなどの多様な動きの広がりが出てきている。コーンが等間隔に並べられていないことと，高さや方向がさまざまな場との関係で，多様な走り方が可能になっており，「動きくずし」が起こる場になっていて，認識レベルではなく，身体レベルで行われている。自分たちの場ができあがり何度も走ったグループから，「他のグループのところに行ってみない？」と誘って，他のグループの場を経験させ，おもしろかったことを伝えてくるようにした。全てのグループを回るというのではなく，やらせてもらったら，自分たちの場にも呼んでやらせてあげるという方法でグループ間の共有をはかり，ワークショップへの足がかりをつくった。

　「リズミカル」の視点として「動きが止まっていないか，動き続けているか」ということが見取りの視点となり，子どもに投げかける視点となる。また，隣のグループの場が見るとはなしに見えるいわゆる「アトリエ的空間」であり，場づくりに互いに影響を与えている。

[第4時]

　前時と同じように自分たちのグループの「お店」を何度も走ってつくるようにした。「お店」ができあがった頃合いを見て，ワークショップのやり方を確認した。「お店屋さん」は，帽子を白にし，どんなやり方で行うのか，オノマトペで伝えるとともにやって見せて，一緒にやるように話した。「お客さん」は帽子を赤にし，一緒にやってみておもしろかったことを伝えるようにした。「お客さん」はグループごとに回らせ

ることも考えたが，今回は1人で自由に回らせてみた。1人で回らせることにより，「お客さん」のいない「お店」が出なかったことと，自覚をもって回れることができたと感じた。

「お客さん」が，「お店」で遊ばせてもらったら，何も言わずに違う「お店」に行ってしまう子がいた。初めてのワークショップということもあり「おもしろかったことを伝える」ことを再確認する必要を感じた。

想像を超える場づくりが現れてきている。ワークショップで子どもたちが用具の使い方や並べ方のおもしろさを共有し，オノマトペによるリズムの共有をすることで自分たちの場に生かせるように働きかけていきたい。

[第5時]

ワークショップの2時間目になる。本時から，おもしろかったことを言葉で伝えてから，グループの画用紙の「よかったよ!!」コーナーに書き込んでいくようにした。

「お店屋さん」と「お客さん」に分かれることがスムーズにできてきた。場づくりでは"ピチュウ"グループは間隔が広く，だいたい同じ場になっている。"ファイアー"グループはジグザグコースから直線的なコースへと大きく変化していた。"しんかんせん"グループは，"スティッチ"グループがつくっていたカラーポストをつなげて遠くに跳ぶ場をつくっていた。ワークショップを通しての他グループからの影響と考えることができる。グループ内の共有からグループ間の共有へと広がってきている。また，自分たちの場にこだわりが出はじめ，行い方にも，きまりができはじめている。感想には，リズムの楽しさ，場づくりのおもしろさ，交流の楽しさが多く記述されている。

子どもたちの動きに関しては，さまざまな高さや感覚に対応し，左右どちらの足でも，場の変化にいろいろなステップで対応できるようになり，動きが多様化している。また，カラーポストの間を調整しながら走り，止まらずにリズミカルにスピーディーに跳び越せるようになり，動きが洗練化しているのがわかる。

連続跳びのタターンタターンが楽しかったよ。

[第6時]

　ワークショップの3時間目になる。本時が最後なので,「いままで回ったほかのお店のおもしろいところをまねてもよい」ことと,「素敵なお店をつくろう」と呼びかけ,活動を開始した。

　どのグループもコースは直線的になり,子どもたちの動きは,スピードに乗った走り方で,跳び方もリズミカルな動きになっている。いろいろなリズムという動きの多様化とともに,何度も繰り返し走ったり跳んだりすることで動きの洗練化につながったと考えられる。

（吹き出し）ここはタタターンのリズムだよ。

7．授業を振り返って

　子どもたちの試行錯誤から教師の想像を超えた場や動き方がいくつも出てきた。教師はテーマからそれないように誘導したり,一緒に運動したりする共同行為者であった。

　体育はまさに身体を通しての学習であり,身体性をもった深い「気づき」が起こる可能性が期待される。この反省的思考を意図的に想起させるためには,「気づき」を共有できるような学習（時間や場の設定）が大切になるであろう。ワークショップ方式の学習が全ての単元で有効であるとはいえない。領域に適した学習スタイルの選定と,「気づき」を軸にした学習スタイルのデザインが大切になる。

（濱田敦志）

> **実践例2** 〔低学年②〕
> ## "投げてみよう・向こうまで行ってみよう"
> (用具を操作する運動遊び・体のバランスをとる運動遊び)

1．探求したい動きのおもしろさ

> **用具を操作する運動遊び**
> ●ボールや輪，棒を思いどおりに投げられたり，投げられなかったりすることがおもしろい。
>   ・遠くに投げたい　・ねらって投げたい　・速いスピードで投げたい
>
> **体のバランスをとる運動遊び**
> ●体を操作しながら運動する中で，不安定さを感じ，その不安定さを安定させようとすることがおもしろい。
>   ・平均台の上で　・バランスボールに乗って　・セーフティマットの上で

2．動きのおもしろさを「感じる」工夫

①投げるモノの特徴によって飛んでいく軌道は異なり，子どもは，自分のイメージどおりに「投げたい」という思いをもつ。そこで，テニスボールや新聞紙で作った輪・棒など，いろいろなモノを投げることで，「投げる」という行為に対する興味・関心を強くもつことができるようになる。【具】【支】

②体が不安定な状況において，どうにか安定を保とうと体を操作するとき，子どもは大変意欲的になる。そこで，少し不安定な状況を「やってみたい」という環境の中につくり出すことで，バランスをとる感じのおもしろさにふれることができるようになる。【材】【支】

3．学びでの「気づき」の工夫

　子どもが場や用具を使いながら夢中になって遊ぶ中で，「もっとこうしたら…」という発想を大切にした遊びづくりを支援し，ワークショップに舵とりしていくことを通して，"おもしろい"感じを共有し，動きへの「気づき」を促していく。【支】

4．学びを見取るための視点（評価規準）

	無意識・・・・・・・・・・・・（気づき）・・・・・・・・・・意識			
	「気づき」「感じ」	動きのおもしろさへの気づき	動きの出来事への気づき	動きを工夫するための気づき
違和感	思いどおりに投げられない感じ	思いどおりには投げられないが，モノとのかかわりを楽しんでいる。	投げ方を変えると，モノが飛んでいく様子が変わることに気づき，投げ方を試している。	モノによって投げ方を工夫し，モノが飛んでいく軌道のおもしろさを味わっている。
（感じ）	思いどおりに投げられた感じ	自分のイメージどおりに，モノが飛んでいき，何回も繰り返し楽しんでいる。	モノによって，投げ方が違うことに気づき，自分が好むモノや投げ方を自覚しようとしている。	自分の好むモノや投げ方を知り，どのように遊びを展開していこうか思考している。
一体感	思いどおりに投げられたり，投げられなかったりする感じ	いろいろな種類のモノを投げ，「飛ぶか，飛ばないか」に夢中になっている。	自分の思ったとおりの軌道を描きモノが飛んでいく場面が，何回か実現し，そのときの感じを思い出しながら試行している。	モノによっての投げ方を理解し，友だちと投げ方の情報を共有しながら，遊びづくりへと学びが展開している。

5．単元の流れと実際

時間	1 ――――（およそ3時間目）――――（およそ6時間目）―――▶ 8		
子どもの活動内容	○片足立ちで，いろいろなポーズをとってみる	〔バランスをとる運動遊び〕 ○バランスディスクやセーフティマットの上で，いろいろなポーズをとってみる	○ユラユラ遊び，オットット遊びをみんなでやってみる
	〔用具を操作する運動遊び〕		
	【やってみる】 いろいろな場で思いどおりに投げる“おもしろい”を体感する場面	【ひろげる】 思いどおりに投げる“おもしろい”を感じながら多様な動きを経験したり，“おもしろい”をもとに遊びをつくったりする場面	【ふかめる】 自分が感じた“おもしろい”をもとにつくった遊びを友だちと共有する場面（ワークショップ）

【やってみる】……動きのおもしろさを感じたり気づいたりしながら，意欲的に運動にかかわる子どもの姿が見える場面
【ひろげる】……動きのおもしろさを主体的に味わおうと学びを展開する場面
【ふかめる】……動きのおもしろさにこだわった遊びを友だちと一緒に行う場面

6．学びのあしあと

　本校では，毎授業開始から10分間程度を「身体感覚づくり」の時間として設定している。本実践は，「バランスをとる運動遊び」と「用具を操作する（投げる）運動遊び」の組み合わせ単元を構想する中で，「バランスをとる運動遊び」を「身体感覚づくり」として扱った。子どもは，ゆらゆらする不安定な自分の身体を，安定させようと身体のアンテナをフル活用し，「落ちないかな」の"おもしろい"感じを十分に楽しみながら運動を行った。

　「用具を操作する運動遊び」の時間は，「投げたモノが思いどおりに飛んでいく」という操作感のおもしろさを学びの軸とし，単元を進めた。【やってみる】場面では，いろいろなモノ（右図参照）を用意し，まず，自由に「投げる」という活動をした。子どもは，思い思いにモノとかかわり，遠くへ投げようとしたり，ねらった的にあてようとしたりと，「投げる」という"おもしろい"感じを実感しながら活動した。子どもは，自分の思いどおりにモノが飛んでいくと，満足そうな顔でこちらを見て，「どうだ」という雰囲気を出していた。ほとんどの子どもが，夢中になって「投げる」という行為にひたり，ああでもない，こうでもないと，あれこれ試行しながら，いろいろなモノを投げた。

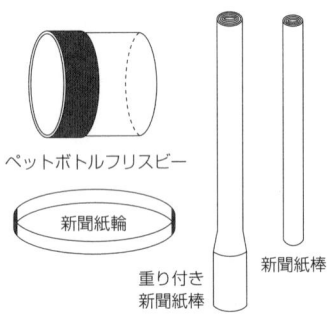

用意した投げるモノ
（ペットボトルフリスビー，新聞紙輪，重り付き新聞紙棒，新聞紙棒）

ビューンとまっすぐ飛ばそう！

　3時間目ぐらいには，子どもはモノにこだわりを見せはじめ，新聞紙で作った棒，テニスボールなど，自分の思い描いた軌道が実現するモノに人気が出た。ここでは，「的への当て合い」「遠くへの投げ合い」という競争の世界での遊びではなく，モノと自分とのかかわりから，思いどおりに操作する（投げる）という心地よさにひたった活動だった。4時間目に入ると，友だちとかかわった活動が現れ，「〜合い」

という競争の遊びの世界が発現してきた。テニスボールをセーフティマットに強く当てて音の大きさを競い合ったり，重り付きの新聞紙の棒を，助走して遠くへ投げ飛距離を競い合ったりと，子どもは，それぞれのモノの素材から得られる情報に対して敏感に反応し，投げ方が変わるとモノの飛び方も変わることに気づきながらの遊びづくりを，活発化させていった。これは，教師が用意した「思いどおりに投げるおもしろさ」を感じるための環境の中から子どもたちが飛び出し，自分たちのおもしろさを追求していこうという学びへの展開が始まったのだと解釈した。

このような子どもの学びの展開を見取り，教師は「やりたいことが同じ友だちと一緒に活動してみよう」「ルールをつくってみよう」などと，遊びづくりへの声かけをしながら，【ひろげる】場面へと舵とりをしていった。

どのように飛ばそうかな？

左の写真は，新聞紙の棒をどのように回転させて投げてみようかということに，こだわりを見せている場面である。このグループは，遠くへ飛ばし合うアイテムとして，新聞紙の棒を選択した。この後，スローラインを引き，体育館を横に使って，どこまで投げられるかという遊びを行った。しかし，この子どもが投げた棒は，あまり回転せず飛んでいった。少し斜めの回転でたくさん回転させながら遠くへ飛ばしたいということのようだった。教師は，この子どもにかかわり，斜め上方向にスリークォーターから投げること，投げるときに手首を使うことを，一緒に投げることを通して支援した。子どもは，すぐに実践に移したが，手首を使うとどうしても下に打ちつけてしまい，距離が出なかった。すると，同じグループの友だちが助走をしているのを見て，同じように助走をして投げると，いままでにない感覚に気づいたのか，何回もチャレンジしていた。そうして，だんだんと自分のイメージする軌道を描いて新聞紙の棒が遠くへ飛んでいくようになってきた。このことは，自分と友だちとの差異から情報を得ながら，自分を変化させていくという学びがそこに存在したことを実感した場面だった。

子どもたちは，それぞれの思い（遠くへ投げたい，強く投げたい，ねらって投げたい）ごとにグループをつくり，それぞれのローカルルールで，楽しそうに活動した。その

中には，別のグループと合流して競争する場面も見られるようになった。6時間目では，グループを交流させて，自分たちがつくったおもしろさとはまた違ったおもしろさを味わわせながら，「投げる」という"おもしろい"感じを共有させようと，ワークショップ形式を取り入れた。【ふかめる】場面への舵とりである。

まず，各グループから，「ルール」と「遊びのおもしろさ」を発表した。そして，グループを半分に分け，他グループへ行って一緒に活動する子ども（お客さん）と，自グループに残りルールやおもしろさを説明し一緒に活動する子ども（お店屋さん）とに分かれて活動することを知らせた。ワークショップの時間は，子どもの活動の様子を見つつ，途中で役割を交代しながら授業を進める。そうして，最後に，他グループで経験した"おもしろい"感じを発表し，自グループの遊びに取り込める内容は取り込むようにしていった。

やったぁ，達成だ！

左の写真は，バックネットに向かって重り付きの新聞紙の棒を投げ，その飛距離を競い合うという遊びのグループに「お客さん」として参加した子どもが自己新記録を出し，一緒に遊んでいた友だちみんながガッツポーズをした瞬間である。ワークショップの時間では，このような場面がよく見られた。自分たちがつくった遊びをよりよく行う方法を一生懸命説明し，一緒になって遊ぶことを通して，少しずつ上手になっていく友だちに共感したり，写真のように記録が出たときに，一緒になって興奮したりしながら，楽しく活動していった。

また，子どもたちは，授業の始めに説明したルールでワークショップを始めるのだが，やっているうちに「お客さん」の子どもからのリクエストにも応え，ルールを変更していった。例えば，バックネットに当てるだけのルールから，バックネット前に円を描いて，そこに落とすというように変更していく姿が見られた。

7．授業を振り返って

回転させて飛ばすぞ！

左の写真は，先に登場した「どのように投げようか」と考えていた女児である。【ひろげる】場面で，ワークショップの「お客さん」として，10mくらい向こうにあるコーンに回転をかけながら当てるというグループに参加していた。単元が進んだ段階においては，写真のように，オーバースローで力強く投げることができるようになっていた。この女児は，やはり回転をかけて投げることにこだわりを見せているのである。先の写真では，新聞紙の棒をどうにかしようと考えていたが，回転をかけて遠くへ投げるには，重り付きの新聞紙の棒のほうがうまく投げられることに気づき，この棒にこだわりを見せていた。

「体つくり運動」において，遊びづくりを学習内容の一つに設定した場合，体力の向上をどのように考えるのかという意見を聞くことがある。本実践においては，「投げるおもしろさ」を軸とし，遊びづくりを通して，投げ方や友だちとかかわる遊び方などの問題を意識させながら単元を進めていった。この中で子どもは，「投げる」という動きを確実に変化させてきたことを，われわれは実感した。主体的に遊ぶということは，子どもにとって本当に楽しいことである。そして，遊びをもっと楽しいものにしていくには，ルール改変も一つの方法であるが，「動ける」ようになることで，より質の高い遊びが実現できる。

このように考えると，低学年の学習では，遊びづくりを通して，「動き」の内容が子どもの内側からの問題が意識できるよう，綿密に計画を立てていくことが大切になってくるのではないだろうか。

しかし，子どもの主体的な学びを保障する視点から考えると，計画に子どもを合わせるのではなく，子どもの学びに計画を合わせていかなければならない。そのためには，子どもがつくる「運動のおもしろい世界」に入り込み，方向づける，「見取りと舵とり」の研究が大切になってくると考えている。

(湯口雅史)

実践例3 〔低学年③〕

"おもしろワールド「力いっぱい・グラグラの巻」"
（力試しの運動遊び・体のバランスをとる運動遊び）

1．探求したい動きのおもしろさ

- グッと力を入れる状況で，力を出しきることや出しきった力が解放されることがおもしろい。
- バランスが不安定になるコースで，落ちないように体をうまく操作できたりできなかったりすることがおもしろい。

2．動きのおもしろさを「感じる」工夫

①体重や相手の力を感じる場面を設定すると，それを支えたり抵抗したりするようになり，動きの感じのおもしろさにふれることとなる。ロープにぶらさがってジャンプする場と綱引きをする場が，力をグッと入れて出しきるおもしろさにふれることを可能にする。【形】【材】

②バランスが不安定になるコースを渡るという場面設定が，子どもの挑戦意欲を高める。平均台にモノを置いたコースを渡るという場面設定が，落ちないようにうまく体を操作できたりできなかったりするおもしろさにふれることを可能にする。
【形】【材】

③一度，動きの感じのおもしろさにふれた子どもは，そのおもしろさを求めて，よりスリリングなコースを求めるようになる。水を入れたペットボトルやダンボールの提示が，渡る条件を難しくしながら，よりうまく体を操作できたりできなかったりするおもしろさにふれることを可能にする。【形】【具】

3．学びでの「気づき」の工夫

①それぞれの子どもが感じた動きの感じのおもしろさが共有されるように，上記の場（平均台，ターザンロープ，綱引き）を，毎時間のはじめに，グループでローテーションしながらやってみる時間を確保する。【過】

②個人の中で眠っているコツに気づいて動くことができるようにするために,「スッと動いてピタッ」(平均台のバランス),「グッ,ブラーン,ピョーン」(ターザンロープ)など,擬態語や擬音語を使って支援する。【支】【声】

4．学びを見取るための視点（評価規準）

		無意識・・・・・・・・・(気づき)・・・・・・・・・意識		
	「気づき」「感じ」	「気づき」動きのおもしろさへの気づき	動きの出来事への気づき	動きを工夫するための気づき
違和感	ロープと身体が別々な感じ	体重や相手の力に対応できていないが,それを感じて楽しんでいる。	力が解放されるおもしろさに気づき,できるだけ力を出しきろうとしている。	友だちに助けてもらってぶらさがったり,一緒に引っ張ったりして,おもしろさにふれている。
(感じ)	ロープや仲間と身体が一体となる感じ	体重や相手の力に対応できるようになり,それを感じて楽しんでいる。	ロープの揺れや人数の増員による力が解放されるおもしろさに気づき,それを感じられるように力を出しきろうとしている。	友だちに押してもらって揺れを大きくしたりグループ同士で引っ張り合ったりして,おもしろさにふれている。
一体感	ロープや仲間と身体が一体となったり別々になったりする感じ	体重や相手の力に対応できたりできなかったりするおもしろさを味わっている。	体重や相手の力に対応できるか／できないかわからない条件に気づき,その状況を生み出そうとしている。	つかまる高さを変えたり引っ張り合う人数を変えたりして,おもしろさにふれている。

5．単元の流れと実際

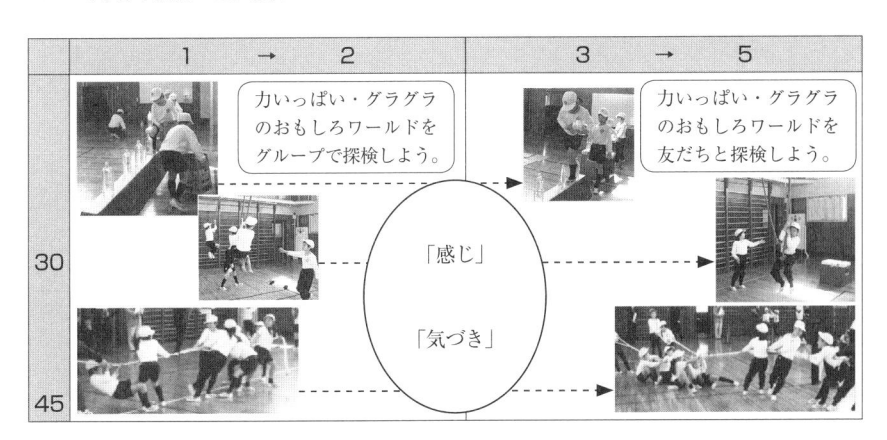

	1 → 2		3 → 5
30	力いっぱい・グラグラのおもしろワールドをグループで探検しよう。	「感じ」「気づき」	力いっぱい・グラグラのおもしろワールドを友だちと探検しよう。
45			

6．学びのあしあと

[第１時]

「バランスずもう」を行い，力を出しきったりバランスがくずれたりする感じを味わって楽しむ活動をした。力を出しきる経験が少ない子どもが多く，相手の力に一方的に押し出されたりバランスをくずして転んだりする様子がうかがえた。

しかし，負けたからといって泣いたり怒ったりする子どもはほとんどなく，「何がおもしろかった？」と尋ねると，「勝ったこと」以外に，「グワッと押されたこと」「コロンと転ばされたこと」という意見があり，押されること，バランスをくずされること自体を楽しんでいる様子が見られた。

[第２時]

教師の考えた「グラグラ平均台渡り」「グッ，ブラーン，パッ，ターザンロープ」「グ・グッと綱引き」の場で，力を出しきったりグラグラしたりすることを楽しむ活動を行った。男女混合の６グループを作成し，ペアグループとともに10分ごとに場をローテーションすることで，１単位時間で全ての子どもがそれぞれの場における「動きのおもしろさ」を感じることができるようにした。

【グラグラ平均台渡り】

平均台の上に水の入ったペットボトルを置いた。ペットボトルを落とさないように，しかも自分も落ちないように平均台を渡りきる活動である。

まず，木製平均台コースからチャレンジした。バランスを保つことができず，落ちてしまった子どもは，何度もチャレンジしていた。バランスを保って渡りきった子どもは，より困難なソフト平均台コースにチャレンジし，バランスが不安定になるコースで，落ちないように体をうまく操作できたりできなかったりすることを感じることができていたようだ。

【グッ，ブラーン，パッ，ターザンロープ】

ターザンロープにぶらさがってジャンプする活動である。ぶらさがった状態を維持できず，すぐに落ちてしまう子どもが多かった。そのため，台になるなど，友だちと協力して自分の体重を支えてジャンプしていた。

「力強さは急に身に付くものではない」と考えていたが，意外にも１単位時間の中でぶらさがった状態を維持できるように

なる子どもが多く，力のかけ方がわからない（経験のない）ことが原因であったことがわかった。
　ぶらさがれた感じを喜ぶ子どもについては想定内であったが，力が続かなくなって落ちてしまうことにおもしろさを感じている子どもも多く，出しきった力が解放される感じの魅力についても再認識することができた。

【グ・グッと綱引き】
　最終的には，三つ又ロープで綱引きをすることを想定した活動であるが，本時では，三つ又ロープを提示せず，ふつうのロープの提示のみとした。「ターザンロープ」の場と同じく，すぐに相手に引きずられてしまう子どもも，何度か繰り返すうちに，一定時間，相手の力に対応できるようになり，力が続かず出した力が解放される（相手に引きずられる）ことにおもしろさを感じている子どもの姿が見られた。
　授業のはじめは，多くの子どもが個人対個人で綱引きをしていたが，すぐに複数で行うようになり，友だちとロープを通して力を出し合う感じに慣れていく様子がうかがえた。個人対個人で力を出し合うことにこだわる子どももあり，「力を出しきる」という動きのおもしろさについても，個人・集団によって質的な違いがあるように感じた。

[第3時]
　ペアグループを変えて，それぞれの場で運動する活動を行った。一緒に運動する友だちが変わることによって，同じ運動でも違った楽しさがあるようだった。しかし，感じる動きのおもしろさについては同じで，それぞれの子どもが前時に感じた動きのおもしろさを求めて運動を行っていた。
　本時より，漠然と感じているコツに自分や友だちが気づいて動くことができるようにするために，擬態語や擬音語で言葉かけをしていった。「ロープをしっかり握って，わきを締めて……」と手順や動き方を説明するのではなく，その場を共有する子どもたちと一緒に，かけ声をかけるように「スッと動いてピタッ」（平均台のバランス），「グッ，ブラーン，パッ」（ターザンロープ）などと言葉をかけることで，感じていることと動きがつながる子どもが多く見られた。
　綱引きで個人で力を出し合うことにこだわっていた子どもは，友だちとの力関係がわかると，個人対集団など，力が均衡する状況をつくり出していった。

[第4時]
　感じていることと動きがつながる子どもが増えるにしたがって，さらなる動きのおもしろさを求める子どもも増えてきた（右感想）。

> ターザンで，パッとはなしたときに，体がふわっとして，おもしろかった。もっと，ふわっとしたいです。

そこで，水を入れたペットボトルやダンボールを提示すると，子どもは，コースを難しくしたり，手に水を入れたペットボトルやダンボールを持ったりして，より自分が動きのおもしろさを感じることができるようにしはじめた。

ターザンロープ，綱引きの場にも，下の写真のように，よりスリリングかつ変化のある動きのおもしろさが感じられるような教具を提示した。

ミニ跳び箱を提示することにより，大きな揺れからパッと体を投げだすおもしろさを感じる子ども

三つ又ロープを提示することにより，より変化のある相手の力に対応するおもしろさを感じる子ども

[第5時]

単元終了時であることから，授業の後半は，「力いっぱい・グラグラのおもしろワールドを友だちと探検しよう」と，グループを解体して活動した。

「グラグラ平均台渡り」では，友だちと話し合ってコースを難しくしたり，つなげたりして，落ちないように体をうまく操作できたりできなかったりする動きのおもしろさをより感じるための工夫を共有していた。

「グッ，ブラーン，パッ，ターザンロープ」では，グループ解体時に多くの子どもが集まったが，感じをある程度味わうと，他の場に移る子どもが多かった。

「グ・グッと綱引き」については，三つ又ロープの登場で，おもしろさが広がると同時に深まり，多くの子どもに人気であった。教師も子どもと一緒にやってみたが，力のかけ方や相手の力の感じ方がその時々によって違うが，自分の力とロープや相手の力が一体になる瞬間があり，おもしろくてやめられない。それが，集団で行うとなると，また違ったおもしろさがあり，奥の深いものであった。

ただし，これはふつうのロープで力を出しきる感じを味わっていることが前提で，そのおもしろさを求める欲求があってこその結果であると感じる。その証拠といってはなんだが，第3時で，個人で力を出し合うことにこだわっていた子どもは，綱引きをする3集団の力の均衡が保たれるように，3集団を移動しながら綱引きを行い，最後は相手に引きずられることをおもしろがっていた。

授業の終了時には、一つにつながったグラグラ平均台をみんなで渡って落ちたり落ちなかったりすることをおもしろがって学習を終了した。

7．授業を振り返って

授業づくりを行うにあたって、子どもが身体で感じる動きのおもしろさから行う活動を導き出すことの重要性を再認識した。「この動きをして身体はどのような感じを得るのだろう」「その感じは、運動に対する意欲を高め、本単元で身に付けるべき資質や能力につながるものであるか」など、子どもが感じるであろうことと学習内容との関係から活動を導き出す作業が必須である。

課題としては、感じた動きのおもしろさが、どのように広がったり深まったりするのか（あるいは、そのまま継続するのか）、予想することが困難なことがあげられる。つまり、感じたことから何に気づき、どのように身に付けるべき資質や能力につながっていくのかということである。これは、子どもの経験や学習集団の特性等、さまざまな要因が影響し、変化していくものである。事実、本実践の「グッ、ブラーン、パッ、ターザンロープ」では、ダイナミックな動きであることから、多くの子どもが魅力を感じ、さまざまな「気づき」をもとに、動きのおもしろさが広がり深まると考えていた。しかし、単元最終時には、感じをある程度味わうと、他の場に移る子どもが多く見られた。

上記の課題を解決するために教師は、子どもが感じたことや気づいたことを行動や対話、授業後の感想などから見取り、それを手がかりに学習を舵とりしなければならない。見取った意識をもとに、それがねらいからそれる場合は、はっきりした指示を出し、舵をきる必要がある。

上述の例として「グラグラ平均台渡り」では、自分やペットボトルが落ちるか落ちないかということよりも、はやく渡りきることに子どもの意識が向かう場面が見られた。この場面で教師は、自分も子どもと一緒に平均台渡りをし、子どもと一緒に動きのおもしろさを感じ、その「気づき」を伝え合うことで、子どもの意識を動きのおもしろさを感じることに舵とりをした。

このように、舵とりの方向性は、常に本単元で身に付けるべき資質や能力を意識したものであるべきで、運動に親しむ資質や能力の育成につながるべきである。「子どもがおもしろがっているからいい」という方向に流されることのないようにしていきたいと実感している。

（月本直樹）

> **実践例4** 〔低学年④〕
>
> ## "玉と遊ぼう・ミニ綱ワールド"
>
> (用具を操作する運動遊び)

1．探求したい動きのおもしろさ

- 一人で，また，友だちとかかわりながら，玉を使って遊びを工夫したり，限界に挑戦したりすることがおもしろい。
- みんなで工夫しながら，ミニ綱を使っていろいろな動きを見つけたり，非日常の動きにも挑戦したりすることがおもしろい。

2．動きのおもしろさを「感じる」工夫

①「用具の使い方はある程度決まっているものである」と，教師が思い込んでいないだろうか。まず，子どもたちにモノ（用具）と出会わせ，じっくり向き合わせる時間をつくる。子どもたちがそのモノ（用具）をどう扱うか，教師も一緒にかかわりながら，共に学び，「感じ」ていくことができるだろう。ここでは，玉入れの「玉」とミニ綱（綱引き用の短い綱，長さ約200cm）での活動を試みた。【材】【具】

②子どもたちは，自分の見つけた動きを伝えたくてたまらない。だが，勝手にまねされるのは気分が悪いものである。そこで，だれかが見つけた"おすすめ"の動きは，どんどんみんなでやってみることにした。発表したり，まねしたり，ちょっと変化をつけてみたり……。「自分で」見つけた動きを大事にしながら，友だちと一緒に動きを広げていくことで，おもしろさも変化させようとした。【支】【声】【マ】

3．学びでの「気づき」の工夫

①玉を投げて，うまくキャッチができれば，それだけで子どもたちは大喜び。だが，一生懸命キャッチしようとしているときは，それだけで精いっぱいだ。子どもの

「捕れた！」の笑顔と気持ちよさが「気づき」の第一歩である。すかさず，教師が「すごいね。どうやったらうまく捕れたの？」と問いかけ，子どもに言葉にさせて一緒にやってみる。「次はどうする？」「ほかにもできる？」など，子どもからの声を引き出す"魔法の言葉"をたくさん用意しておきたいものである。【声】

②同じ玉を使った遊びづくりでも，体育館で行うときと校庭で行うときとでは，「感じ」も「気づき」も違うはずである。まわりの環境や用具の組み合わせによっても，動きはどんどん広がっていく。用具は同じでも，他の条件を変えることでの「気づき」も大切にしていく。【形】【マ】

③玉を投げるとき，ほとんどの子どもたちは「手を使った」という。教師が「ほんと？手だけ？」と問いかけると，「ううん，足も使う」「お腹も動くよ」「手首が大事だよ」という声が出てくる。子どもたちがふだん意識していない体の動きをちょっと意識させることも必要である。「じゃ，本当に手だけで投げてみようか」と投げかけてみると，不自由な動きからまた新しい「感じ」に気づくかもしれない。【声】【支】

4．学びを見取るための視点（評価規準）

	無意識・・・・・・・・・（気づき）・・・・・・・・・意識			
	「気づき」「感じ」	動きのおもしろさへの気づき	動きの出来事への気づき	動きを工夫するための気づき
違和感	用具が自分のものにならない感じ	用具を思いどおりに操作したりすることはできないが，動きを楽しんでいる。	用具を操作するおもしろさに気づき，夢中で試みている。	課題を易しくして，繰り返して練習することで，おもしろさにふれている。
（感じ）	用具を思いどおりに操作できる感じ	用具を操作できるようになり，自然な動きで繰り返し楽しんでいる。	自在な用具操作のおもしろさに気づき，新しい動きを見つけようとしている。	課題を難しくしながら繰り返して試み，その中でおもしろさにふれている。
一体感	用具が自分の思いどおりに操作できたり，思いがけないやり方で楽しめたりする感じ	用具を操作しようとして「できるか／できないか」という動きのおもしろさを味わっている。	用具操作の新しい可能性に気づき，それを試したり，自分の活動に生かそうとしたりしている。	課題の難度を上げながら，技能の向上とともに，運動の行い方を工夫し，仲間と協力して運動することを楽しんでいる。

5．単元の流れと実際

時	テーマ		学習の様子
1	遊びから動きのおもしろさを感じ、友だちと発展させる	玉で遊ぼう。	ミニ綱で遊ぼう。	1人で玉を投げて 友だちと投げ合って 4人で綱を使って 遊びを工夫しよう
2		玉を使ってこんなことができたよ。	ミニ綱を使ってこんなことができたよ。	玉と壁 玉とバスケットボールのゴール 見つけた動きを発表し合う 友だちの見つけた動きに挑戦
3		友だちの見つけた動きを、どんどん試してみよう。ミニ綱の動きを発展させよう。		お気に入りの動きを 動きに名前をつけよう ターザンロープに挑戦

6．学びのあしあと

[第1時] 玉・ミニ綱を使って遊ぼう

導入：みんな大好き "こおり鬼"

"こおり鬼"。片足あげてこおる！

今，助けるよ！

今日の一つめ「玉入れの玉」
1人1個で何ができる？

玉をよく見て！もっと高く！

T「みんなの大好きな "こおり鬼"。今日は，鬼からうまく逃げられるかな？」

T「今日の "こおり鬼" は，ちょっと違うよ。片足あげてこおるんだよ」

T「どんな感じがするかな？ ピタッとかっこよく止まってこおれるかな？」

T「氷を溶かしてあげるのもがんばろう」

高く投げてキャッチ。どこまで？
手を叩いてキャッチ。何回に挑戦？
くるっと回ってキャッチ。
C「先生，捕れた！」「天井につくよ」
それから……？

「一緒に投げるよ。せーの！」

友だちと一緒に

C「首でも捕れるよ」
「足でもできるかな？」
C「キャッチボールしたい！」
「玉をよく見て捕るんだよ」
「片手キャッチもできそうだよ」

まずは，自分で投げて自分で捕ることに一生懸命な子どもたち。自分で捕れる高さに投げるのがポイント。少しずつ高くしようとすると，まっすぐ投げるのが難しい。捕れなくなると，違う投げ方に挑戦していく子も多い。

今日の二つめ「ミニ綱を使って」

やっぱり綱引き

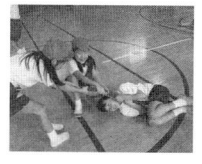

T「ファミリー（生活班）に1本。4人で何ができるか工夫しよう」
C「友だちを引っ張ることもできるよ」
C「引っ張られておなか真っ黒！」
C「綱の上に座ったら，乗り物みたいだよ」
C「うーん，引っ張るのは大変だな」
C「引っ張られないようにがんばるぞ。体を丸めてみよう」
C「2人並んで引っ張れそうだね」
C「しっかり持ってね。どんな感じ？」

思いきり引っ張り合うことから始めた子どもたち。立って－寝て，2対2から1対3へ，「引っ張る－引っ張られる」のバランスを不均衡にして。力を入れるために腰を低くしたり，体の向きを変えたりという動きが自然に見られていた。

[第2時] 玉とミニ綱
　　　友だちの動きに挑戦

2回めになると，玉とバスケットボールのゴールや壁・天井など，もう一つ加えて，動きをつくりはじめる子が増えた。

（写真キャプション）
- 当てた玉をキャッチするよ
- 3人引っ張るの大変
- 手の力がいるな！
- ブランコみたい！
- 綱回すよ！
- 結べるかな？

〈ミニ綱のバリエーション〉
　「引っ張る」から広がって…
C「1人で3人引っ張るぞ！」
C「上を向いたらどんなかな？」
C「足をかけたら，鉄棒みたい」

〈まわりのファミリーの様子も見ながら，新しい引っ張り方に挑戦〉
T「"おすすめ"をちょっと発表してね。みんなもやってみようか」
C「綱に乗せて運べるよ。3人組で。2人で持ち上げて」
C「4人なら1人は後ろからブランコみたいに揺らせるよ」

〈ぐるぐるジャンプ〉
C「あたると痛い。大きく跳ぼう！その場で跳ぶよ」
C「綱と反対に走りながら跳べる。みんなで一緒に跳びたいな」
C「結んでぶらさがりたい」
C「みんなで引っ張ったらぶらさがれた！」

ミニ綱の動きはますます広がりを見せた。綱で運び，綱に乗せる。障害物として使い，鉄棒のようにぶらさがることも発見。どの動きも全身を使っており，綱とのかかわりを楽しんでいる様子がうかがえた。

[第3時] ミニ綱　発展系

（写真キャプション）
- はずれないように
- ぐるぐる回り

C「足でも引っ張れるよ。気持ちいい？」
C「みんなで綱につかまって回るとおもしろい。はやさが違うよ」

T「ぶらさがりたい子は，ターザンロープ（登り綱）をやってみる？」
C「ろく木の高いところからぶらさがるとおもしろい」
C「もっと揺らして！」

揺らしてあげよう

自分たちで見つけたミニ綱の動きに名前をつけた子どもたち。「持ち上げタクシー」「けむし」「サンタのトナカイ」……子どもたちは，この活動から，力を入れる動きだけでなく，バランスや揺れる感覚までをたっぷり楽しんでいた。

7．授業を振り返って

用具を選ぶ

今回は，質の違う2種類の用具を用いてみた。それぞれにおもしろさはあるが，発展性が感じられたのはミニ綱であった。理由は，たくさん力を使うこと，協力する必然性が生まれること，使い方のバリエーションがおもしろいことなどである。用具を選ぶときも，使い方の可能性が多いものを選ぶことで「気づき」も広がると考えられる。

子どもにまかせる，見守る

「気づき」が生まれるには時間がかかる。まず遊ばせてみて，じっくり見守り，子どもの中から「こんなことができる」「こんなことをしたい」という意欲が出てくるのを待つのも方法のひとつと考えた。それを教師が受け止めて子どもと一緒に学習をつくっていき，「めあて」ありきではない学習の可能性を感じた。

子ども同士の学び合い

素材がおもしろいと，子どもたちは夢中になって取り組み続ける。隣のグループを見て自然にまねをしたり，教え合ったり，工夫をしたり……。今回は4人のグループで行ったが，学び合いには適当な人数であった。かかわり合う中で，自分の体がどうなっているかを客観的に考えたり，体を意識して動いたりする機会や友だちに声をかけたりすることも増えてきたように思う。

(栗原知子)

実践例5 〔中学年①〕

"グラグラドキドキ「竹小フレンドパーク」"
(体のバランスをとる運動・用具を操作する運動)

1．探求したい動きのおもしろさ

- 平均台などの上で，体を思いどおりに動かせたり動かせなかったりすることがおもしろい。
- いろいろな状況で，ボールやフラフープ等の用具を思いどおりに操作できたりできなかったりすることがおもしろい。

2．動きのおもしろさを「感じる」工夫

①不安定な場・用具の設定

　体が安定しているときには，子どもたちは体を動かす「感じ」に気づきにくいので，意図的に不安定になりやすい場を設定し，安定と不安定の違いから体を動かす「感じ」の違いに気づかせる。そのために，平均台を設置し，傾斜や段差をつけることで，体を動かす「感じ」の違いに気づくことができる。【形】【具】

②「感じ」を表現させるための言語活動

　子どもたちが，より深く自分の体を動かした「感じ」に気づくことができるよう，動いた感じを言葉で表現させる。そこで，ワークシートを用いて「感じ」を言葉で表現させるための「（動き）をしたとき，（体の部位）が，（感じ）だった」という話型を提示し，それを利用することで，自分の「感じ」を認識したり，他の子どもたちと伝え合ったりしやすくなる。【支】

3．学びでの「気づき」の工夫

①単元構成の工夫

　子どもたちが，自ら感じた体の動きのおもしろさをもとに，さらに動きを自由に発展させることができるようにするため，単元前半を「遊びを経験する時間」と「遊びを自由に組み合わせたり工夫したりする時間」で構成した。後半は，前半の経験

を生かし，さまざまな動きで味わえる「感じ」を楽しめる遊び（アトラクション）を個人やグループで創作する時間で構成した。【過】

②学習形態の工夫

　子どもたちが，さまざまな運動遊びに出会い，多くの動きを感じられるようにするため，ワークショップ型（運動遊びのお店屋さんごっこ）の学習の過程を設定し，他の児童が発想したバランス遊びのおもしろさを互いに経験できるようにした。

【形】【過】

③内面を見つめさせ表現させる工夫

　子どもたちが，動いた「感じ」そのもののおもしろさに向き合い，表現できるようにするため，おもしろいと感じた動きを"ワクワクポイント"として点数化させたり，おもしろかったときの「感じ」を，動きを音で表す「オノマトペ」を用いて表現させたりした。【支】【声】

4．学びを見取るための視点（評価規準）

	「気づき」「感じ」	無意識・・・・・・・・・・（気づき）・・・・・・・・・・意識		
		動きのおもしろさへの気づき	動きの出来事への気づき	動きを工夫するための気づき
違和感	身体が不安定な感じ	バランスをうまくとったり用具を思いどおりに操作したりすることができないが，それを楽しんでいる。	バランスをとったり用具を操作したりするおもしろさに気づき，安定した場を生み出そうとしている。	課題を易しくして，動きの安定と不安定の均衡を保とうとして工夫し，おもしろさにふれている。
（感じ）	身体が安定した感じ	バランスが安定し，用具を操作できるが，その動きを繰り返し楽しんでいる。	バランスくずしや用具操作のおもしろさに気づき，不安定な場をつくり出そうとしている。	課題を難しくして，動きの安定と不安定の均衡を保とうとして工夫し，おもしろさにふれている。
一体感	身体が安定したり，不安定になったりする感じ	バランスを安定させたり用具を操作したりしようとして，「できるか／できないか」という動きのおもしろさを味わっている。	バランスの安定・不安定，用具操作の可否の狭間で，バランスくずしや用具操作の条件に気づき，それを生かそうとしている。	課題の困難性を保ちながら，技能の向上とともに，運動の行い方を工夫し，仲間と協働して運動することのおもしろい世界にふれている。

5．単元の流れと実際

時		学習活動		学習の様子	
1	遊びを経験して動きのおもしろさを感じる	オリエンテーション	平均台やボールを使った遊びをしよう。	一本橋列車	グラグラキャッチ
2		平均台を使った遊びをしよう。	ボールを使った遊びをしよう。	「せーの」でキャッチ	フレンドパス
3		平均台やボールを使った遊びを組み合わせてやってみよう。		ドリブルマウンテン	ボールサンドトレイン
4	遊びを発展・創造して感じを深める	遊びを組み合わせたり，つくったりして運動しよう。	動いた感じのおもしろさを"ワクワクポイント"で評価しよう。	フレンドパス＋平均台やポートボール台	
5		自分たちのアトラクション（遊び）を考えよう。	他のグループのアトラクションを経験しよう。	平均台フープくぐり	台上からシュート
6		竹小フレンドパーク 「○○がおもしろいアトラクション」を紹介し合い，互いに動いた感じのおもしろさを味わおう。		台上からボールを投げるときに，グラッとするのがおもしろい「グラグラボール投げ」	

6．学びのあしあと

第1時　オリエンテーション，平均台・ボールを使った遊びをしよう

子どもたちはやる気満々！
早くやりたい！

この動きは何ポイント？

おっとっと！
このグラグラ感は，
さっきより高い。
3ポイントだな！

オノマトペで表そう

ひざが
ガクガク
ズシズシ

す…
す…
す…

提示

　自分たちでアトラクションを考えて"テーマパーク"をつくる，という設定や「グラグラキャッチ」「一本橋列車」などのネーミングを伝えた。
　すると，子どもたちは興味津々となり，目をきらきらさせるなど，期待感あふれる反応を見せた。

工夫

　例えば，平均台を渡れたら1ポイント，後ろ向きで渡れたら2ポイント，ドリブルしながら渡れたら3ポイントというように，教師が遊びにポイントをつけた。

様子

　すると，子どもたちは，やってみたグラグラ感のおもしろさを意識して自分たちでポイントをつけはじめ，生き生きと運動した。

工夫

　「感じ」を意識させるために「やってみた感じを音で表してみよう」とたびたび表現させた。

様子

　すると，思い思いの表現で，自分の動いた「感じ」を表現し，子どもたちは互いに交流することができた。

第2時　平均台を使った遊びをしよう・ボールを使った遊びをしよう

さらに不安定に！

これはすごくグラグラだ！

動いた感じはどんな感じ？

「落ちそうになった」とき,「足の裏」が「ギュッとふんばった」

提示

　さらに不安定な状況をつくるため,平均台を斜めに設置した場と跳び箱用のスペーサー（調節器）を使った段差のあるコースをつくった。

様子

　子どもたちは目を輝かせて新たな場で遊びを楽しんでいた。

工夫

　子どもたちが体を動かした「感じ」を表現できるよう,「（運動）したとき,（体の部位）が（感じ）だった」という話型を提示した。

様子

　安定した場と不安定な場での体の「感じ」の違いを言葉で表現できる児童が増えていった。

第3時　平均台やボールを使った遊びを組み合わせてやってみよう

平均台とボールの合わせ技！

手を伸ばすと足がフラフラする！

工夫

　これまでの「平均台の遊び」と「ボールの遊び」を組み合わせた遊びを提示した。例えば,2人組でボールを同時にパスする「フレンドパス」を2基の平均台を並べた上でやってみた。

第4章 「体つくり運動」の授業実践

(様子)

「これまでとはまた違う感じがするぞ！」

子どもたちは，遊びの広がりを受けて新たな「感じ」と出会った。
「平均台を渡りながらドリブルすると手がスカスカな感じがする」
「ボールを操作しながらだと，上半身と下半身がバラバラになる感じがする」

第4時 遊びを組み合わせたり，つくったりして運動しよう
動いた感じのおもしろさを"ワクワクポイント"で評価しよう

自由な発想＝生き生きとした活動

「フラフープを使ってみよう！
すごいグラッとする！
"5ワクワク"だ。」

「コースを変えてみよう！
ドリブルしながらは
"3ワクワク"ね！」

(提示)

今度は，自分たちでやってみたい遊びをつくった。「いろいろな動きのおもしろさを感じてきたね。今度は自分たちで，グラグラするおもしろさが味わえる遊びをつくってみよう。おもしろさのポイント（"ワクワクポイント"）も決めてね」

(工夫)

早速，子どもたちから「先生！ フラフープを使ってもいい？」「平均台の向きを変えてもいいですか？」など，続々とアイディアが出てきた。
「どうぞ！ 動くおもしろさが味わえる遊びをつくってね」と促した。

(様子)

子どもたちは遊びつくりに熱中し，創意工夫あふれるアトラクションがたくさん生み出された。

105

第5時　自分たちのアトラクション（遊び）を考えよう
　　　　他のグループのアトラクションを経験しよう

共同作業→相互評価

あそこでボールをパスするときのグラグラ感はおもしろいと思うよ。

その置き方は危ないよ。難しすぎたらおもしろくないよ。

提示

　最終回の"フレンドパーク"開催に向けてグループで一つのアトラクション（遊び）つくりをした。
「お客さんが，ドキドキを味わえるアトラクションを考えよう」

支援

　これまでに経験した動きと味わえたおもしろさを出し合い，「どんな場の設定」で，「どんなルールにすればおもしろいか」を話し合わせた。

様子

　道具を動かしながら活発に意見交換をしていた。「それはおもしろい」「少し変えよう」など，相互評価によって，学びの質が向上した。

第6時　"竹小フレンドパーク"開催「○○がおもしろいアトラクション」を
　　　　紹介し合い，互いに動いた感じのおもしろさを味わおう

共同作業→相互評価

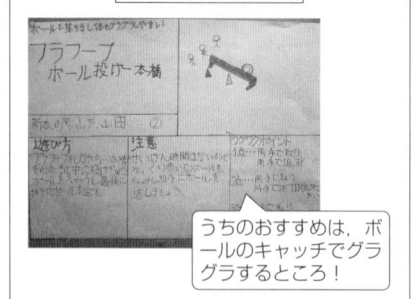

うちのおすすめは，ボールのキャッチでグラグラするところ！

提示

　いよいよ"フレンドパーク"の開催である。自分たちのアトラクションのおすすめ"ワクワクポイント"やルールを紹介しました。時間を決めて他のグループのアトラクションを楽しんだ。

様子

それぞれに工夫したアトラクションを回り，子どもたちはまだ味わったことのない「感じ」にも出会っていた。動きの中に秘められたおもしろさに気づき，運動遊びのおもしろさ探しに夢中になった1時間であった。

「もう終わり？」
「またやりたい！」

7．授業を振り返って

子どもたちの学習意欲が高まった体育は楽しい！

今回，「体つくり運動」の授業を実施するにあたり，この単元の目標と単元の流れを子どもたちにはっきりと示した。子どもたちは見通しをもち，いま自分たちが学習していることは，何時間目のどこで役に立つのかを明確に理解していたので，毎時間の学習意欲を高めることにつながった。

子どもたちが自由に発想する体育は楽しい！

"テーマパークづくり"というワークショップ型の授業を設定した。教師が指示した運動を淡々と受動的に行う授業ではなく，テーマやめあてだけはしっかりと提示した上で，子どもたちの自由な発想を認めていくことで，のびのびと運動に親しみ，仲間と協力して動きのおもしろさを感じる学習ができた。

運動そのものを楽しむ体育は楽しい！

今回の実践を通して，最も強く感じたことは，「できる／できない」ではなく運動そのものを楽しめる学習内容は，子どもたちにとって心から楽しめる授業になる，ということであった。今回の授業では，運動が好きな子も苦手な子も，それぞれが体で「感じ」，運動のもつ「おもしろさ」や遊びをつくり出す「おもしろさ」として楽しむことができた。その結果，どの子どもたちも運動が好きになり，みんなと一緒に運動する喜びを感じたのである。

「楽しかったぁ」と汗を流しながら，笑顔で授業を終える子どもの顔を見るのは，授業を工夫してきてよかった，という最高の気分である。

(竹島昌平)

実践例6 〔中学年②〕
"「ペアペアペアー」——2人で動く感じって？"
（基本的な動きを組み合わせる運動）

1．探求したい動きのおもしろさ

> ●1人なら簡単にできる基本的な動きをペアで行うことや，2人でないとできないさまざまな動きへの挑戦における「できる／できない」の狭間がおもしろい。

2．動きのおもしろさを「感じる」工夫

①「ペアでどのように前へ進むか」というテーマを設定することで，子どもたちの自由な発想による活動がスタートする。"ペアペアゾーン"として定めた15mの距離をどのように進むかをペアで考え，いろいろな進み方に挑戦する。【過】

②ペアでの動きにはさまざまなバリエーションがある。用具を用いることで動きのおもしろさをさらに豊かに「感じる」ことができるだろう。ここではボールを用いた運動にも目を向けさせ，活動の広がりを促す。【過】【具】

3．学びでの「気づき」の工夫

①"ペアペアゾーン"でのテーマに沿った自由な活動の中から「ペアならでは」の動きを取り上げ，クラス全体でやってみることで，2人で動くおもしろさへの「気づき」を共有する。【過】【支】【評】

②ボールを用いた運動では，ボールの投げ方や捕り方，はじき方などに関する子ども一人ひとりのつぶやきを教師が拾い上げ，クラス全体で共有することで，動きのおもしろさへの「気づき」につなげる。【支】【評】

4．学びを見取るための視点（評価規準）

	「感じ」	「気づき」	動きのおもしろさへの気づき	動きの出来事への気づき	動きを工夫するための気づき
		無意識・・・・・・・・・・（気づき）・・・・・・・・・意識			
違和感	身体が不安定な感じ		ペアでの動きがうまくいかないが，ペアで行う運動を楽しんでいる。	ペアで動くおもしろさに気づき，安定した場を生み出そうと試している。	課題を易しくして，スムーズなペアの動きになるように工夫し，おもしろさにふれている。
（感じ）	身体が安定した感じ		ペアでの動きをうまく行い，その動きの繰り返しを楽しんでいる。	ペアで動くおもしろさに気づき，不安定な場を生み出そうと試している。	課題を難しくして，スムーズなペアの動きになるように工夫し，おもしろさにふれている。
一体感	身体が安定したり，不安定になったりする感じ		ペアでの動きを安定させようとして，「うまくいくか／いかないか」という動きのおもしろさを味わっている。	ペアでの動きが「うまくいくか／いかないか」の狭間で，その動きを楽しむための条件に気づき，それを生かそうとしている。	課題の困難性を保ちながら，よりスムーズな動きになるように工夫し，仲間と協働して運動することのおもしろい世界にふれている。

5．単元の流れと実際

	第1～2時	第3～5時	第6時
15分	ペアで行ういういろなおもしろい動きを考えて，楽しもう。		
30分 45分	"ペアペアゾーン"を進む動きを考えよう。	ボールを使ったペアのおもしろい動きを考えよう。	ペアの動きを振り返ろう。

6．学びのあしあと

[第1時]

「"ペアペアゾーン"（15m四方の枠）をペアで進むおもしろそうな動きを考えてやってみよう！」と投げかけ，活動をスタートさせた。毎時間のペアは，あらかじめ体格が近い男女の組み合わせをつくり，子どもたちに示しておいた。男女のペアという

109

こともあり，なかなか活動が始まらないので，「運動会のときにやった2人3脚は？」と投げかけ，足はつながない「エア2人3脚」をやってみることにした。当初は，とりあえず肩は組むが，足をそろえるということに意識が向かないペアが多く，単に進むスピードに変化をつけて楽しんでいる様子だった。しかし，しばらくすると足の動きを見ながら，はじ

エア2人3脚

めはゆっくり歩き，しだいにスピードを上げながら本当に2人3脚をやっているように同じリズムで足を動かすペアが現れてきた。この「ペアでリズムを合わせる」ということに関する気づきを促すために全員を集め，「本当に2人3脚みたいに走っているペアがいるけど，何かコツがあるのかな？」と問うと「息を合わせる」「『せーのっ』とかけ声をかける」などの意見が出された。1人で行う運動ではなく，相手と自分が一体となって動く"ペアの動き"の意味について，なんとなく意識できた場面であったと思われる。

活動終盤には，後ろ向きで進む2人3脚，円を描きながら進む2人3脚，横向きで進む2人3脚といった動きのバリエーションが増えてきた。これらは，安定した動きをくずし，課題をより難しくして挑戦するおもしろさを味わいたいという子どもの欲求の現れと解釈できる。また，それらの新たな動きが，各ペアの自由な活動を保障する"ペアペアゾーン"の中ですぐに他のペアに取り込まれ，さらにアレンジが加えられ，より複雑な動きになっていく様子も見られた。

[第2時]

すべてのペアが「エア2人3脚」から取り組みはじめたが，徐々に交互に馬跳びをしながら進んでいく活動が全体に広がっていった。しかし，馬跳びは長く取り組まれることなく，その後，ほふく前進や仰向けに寝転がり床を滑りながら進んでいく動きが行われた。しかし，同じ動きではあるがペアの動きではなく，一人ひとりが勝手に前に進んでいく様子が見られたので，集合し，「"ペアペアペアー"のペアの動きって何かきまりがあるのかな？」と聞くと，「くっついている動き」「リズムが一緒でそろっている動き」という2点への気づきが見られた。この2点について考

馬跳び

110

えながら,「さらにいろいろなペアの動きに挑戦していこう！」と投げかけた。その後の活動では，主に「手押し車」が行われるようになった。車になる子と押す子のスピードを調整しなければいけない点や，車になった子の脚がものすごく揺れるので，その脚を持って押すのが大変な点などを感じることができていた。

手押し車

[第3時]

「モノを入れても，"ペア"というコンセプトを維持しながら動きのおもしろさを味わえるか」ということをねらいとし，ペアでボール（ドッジボール，ソフトドッジボール，ソフトバレーボール，バスケットボール等）を一つ使った"ペアペアペアー"を始めたところ，ほぼすべてのペアが対面パスを始めた。

しばらくすると，強いボールを捕りきれない子や，相手に正確にボールを投げられない子が出てきたため，「ボールをパスするときの"ペアペアペアー"はどんなことに気をつければよいか」をみんなで考えた。そこでは，相手への指向性を示す重要な手段としての「視線」の大切さに気づかせ，ペアと視線を合わせることで

ドッジボールの対面パス

気持ちも合わせ，ボールをやりとりすることの大事さを確認した。また，「投げる場所はどこがいいの？」と投げかけ，「胸の前あたりが捕りやすい」ことを確認し，あらためて「目を合わせる」「相手の捕りやすいところに投げる」という2点を意識して対面パスを行ってみることにした。その後は，短い距離で相手の胸に向かってパスを繰り返すペア，距離を長くとって大きなパスをするペア，バウンドパスをするペア，上手にツーバウンドで相手の胸にボールをパスするペアなどが見られた。男女のペアであるので，投力や捕球力にはもともと大きな差があるペアもあったが，投力のある男子が高さはあるが緩いボールを女子に投げ，キャッチした女子は自分としては思いっきり直線的なボールを男子に投げ返すというように，相手の力に合わせたボールコントロールを行おうとするペアも見られた。

[第4時]

　"ペアペアゾーン"を復活させ,「ボールを使ってどうやって移動できるかな？」という課題のもと, いろいろな進み方を考えて行えるようにした。①横や縦に並び,歩いたり走ったりしながらパスをして進む, ②後ろ向きで頭越しにボールを渡しながら進む, ③2人で交互にドリブルしながら進む, ④向かい合ってバウンドパスをしながら進むなどの, さまざまな進み方が見られた。徐々にスムーズなパスをしながら進むペアも増えたが, それだけでなく, 以前行った「手押し車」をしながら背中にボールを乗せて進んだり, ソフトバレーボールをはじきながらパスをして進んだりするなど, オリジナルの動きを考え, そのおもしろさを何度も味わうペアも見られた。ペアでボールを扱いながら進むという課題は難しい様子であったが, さまざまな動きのおもしろさを味わうために工夫しながら挑戦している子どもたちの様子が見られた。

[第5時]

　残り2時間になったので, 活動を限定せず, 安全な場所を考えて自由に活動できるようにした。全てのペアが何らかのボールを器具庫から持ち出し, 対面パスに取り組みはじめた。ペアの様子を観察すると, ノーバウンドパス, バウンドパス, 高く投げ上げるパスなどを行っていた。この様子からは, 自分の「投げる感じ」をじっくりと味わいながら, ペアの相手の捕りやすいところへ「コントロールする感じ」を意識して取り組んでいるようであった。また, "ペアの感じ"としては,「相手の投げたボールをキャッチして, 同じように自分が投げたボールを相手がキャッチする感じ」がおもしろいと話す子どもがいた。さらに, バウンドパスをしていたY君は,「バウンドさせるリズム」がおもしろいと語っていた。

　投げるという活動が飽和してきた雰囲気を感じたので, ソフトバレーボールでボールをはじいてパスしているペアを全体に紹介してみると, 多くのペアがソフトバレーボールをはじいてパスしはじめた。ボールをはじくという経験が乏しい児童は, 手をボールに当てることさえ難しい様子であったが, その「はじく」という感覚的なおもしろさを味わっている様子も見られた。また, 技能が低い場合でも"ペアで動く感じ"が乏しいわけではなく, 力の加減をしながらしっかりとボールをコントロールして相手に渡そうとする様子は多く見られた。

ソフトバレーボールによるラリー

[第6時]

　最後の時間なので，これまでの活動を振り返り，主に行われていた動きを行い，"ペアの感じ"を確かめることにした。

　「エア2人3脚」では，互いの足元を見ながらリズムをそろえて走ろうとするペアや，「いち，に，いち，に」と声を出して走るペアが見られた。

　「手押し車」では，まっすぐスムーズに進んでいるペアは，手と足の進むリズムがそろっており，そのリズムが前に進む力に変換されている印象を受けたので，全体でスムーズなペアの動きを見ながらそのよさに気づけるようにした。「手と足が一緒に出ている！」と発言する子どもの「気づき」を取り上げ，手押し車を行う際にも，やはり「リズム」がキーポイントとなっていることを確認した。

　ボールを使ったペアの動きでは，①ノーバウンドでパス，②ワンバウンドで正確なパス，③ツーバウンドで正確なパスを行った。ここでは，片手で投げる子，両手で投げる子，距離を調節するペア，投げるボールの勢いを相手の捕りやすいものに調節する子どもが見られた。

　最後に，ボールをはじいてペアに渡す活動を行った。「ふんわりしたボールでね！」とペアの相手に話していたH君の発言を知らせ，ラリーを続けるには直線的なボールではなく，相手に余裕のできる高く浮かせたボールが必要であるということをみんなで確認した。その後，自分たちのペアの力に合わせたラリーを楽しみ，単元を終えた。

7．授業を振り返って

　子どもたちが「ペア」というテーマに沿って自分たちで運動をつくり上げられる授業を展開することができた。また，その中で，互いの身体のリズムを感じたり，息を合わせたりすることが，よりおもしろい"ペアの動き"につながっていくことを子どもたちと発見することもできた。本実践は，「ペア」というコンセプトで中学年「体つくり運動」の内容に取り組み，「基本的な動きを組み合わせる運動」として示したが，今後はペアならではの動きのおもしろさをさらに発見できるようなテーマ設定や場づくりについて検討していきたい。

(山崎大志)

実践例7 〔中学年③〕

"支えて・比べて, パワー発見"
(力試しの運動)

1. 探求したい動きのおもしろさ

- 自分のからだをいろいろな姿勢で支える動きの力の入れどころや力の出し方を発見して, 力を試すことがおもしろい。
- 友だちの力と自分の力を比べるときや, 友だちを支えたり, 運んだりするときの動きの力の出し方を発見することがおもしろい。

2. 動きのおもしろさを「感じる」工夫

①自分のからだを立位以外の姿勢で支えたり移動させたりすることは, 非日常的な動きのため, 自分のからだのどの部分に力を入れて支えたり移動したりすればよいか, 自分の力を試すことにおもしろさを感じる。そこで, 動物の動きや身近なものの動きなどから動きを連想させ, 自分の力を試すおもしろさにふれさせる。【過】

②自分の力を友だちと比べたり, 友だちを支えたり運んだりするときの, 自分の力を試すことにおもしろさを感じる。友だちとペアや3人組をつくり, 力比べや支え方・運び方の方法をいろいろ試し, 自分の力を試すおもしろさにふれさせる。【形】

3. 学びでの「気づき」の工夫

①ペアや3人組などの学習形態を工夫して, 動き方のおもしろさを共有し, 動き(力の入れどころ・出し方)への気づきを促す。【形】

②動いている途中に, 教師が「体のどこががんばっている?」と問いかけ, 力の入れどころの発見につながる支援をしていく。【声】

③支えたり, 運んだりするときに, 支える側・運ぶ側の子どもには, 「相手が軽くなるときはどんなとき?」や, 支えられる側・運ばれる側の子どもには「自然に力が入るところはない?」という問いかけをして, 感じたことを「気づき」に交換できるように促す。【支】

4．学びを見取るための視点（評価規準）

	無意識・・・・・・・・・・（気づき）・・・・・・・・・・・意識			
	「気づき」「感じ」	動きのおもしろさへの気づき	動きの出来事への気づき	動きを工夫するための気づき
違和感	身体が不安定な感じ	自分の身体を上手にコントロールできないが、その不安定な感じを楽しんでいる。	自分の身体をコントロールするおもしろさに気づき、動きを試している。	課題を易しくして、自分の身体をコントロールする力の試し方を工夫し、おもしろさにふれている。
（感じ）	身体が安定した感じ	自分の力で身体をコントロールすることを繰り返し楽しんでいる。	自分の身体をコントロールするための力の入れどころに気づき、コントロールしにくい動き生み出し試している。	課題を難しくして、自分の力で身体をコントロールするおもしろさにふれている。
一体感	身体が安定したり、不安定になったりする感じ	自分の力で身体をコントロールしようとして「できるか／できないか」という動きのおもしろさを味わっている。	自分の力で身体をコントロールする力の入れどころ・出しどころに気づき、それを考えて動いている。	課題の困難性を保ちながら、自分の力で身体をコントロールする行い方を工夫して、仲間と協働して動くおもしろい世界にふれている。

5．単元の流れと実際

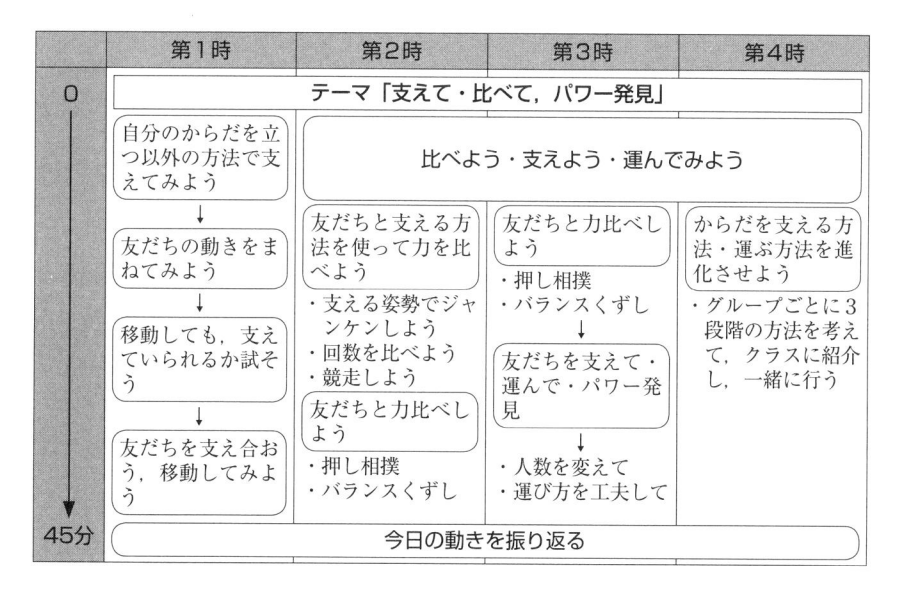

	第1時	第2時	第3時	第4時
0	テーマ「支えて・比べて，パワー発見」			
	自分のからだを立つ以外の方法で支えてみよう ↓ 友だちの動きをまねてみよう ↓ 移動しても、支えていられるか試そう ↓ 友だちを支え合おう、移動してみよう	比べよう・支えよう・運んでみよう		
		友だちと支える方法を使って力を比べよう ・支える姿勢でジャンケンしよう ・回数を比べよう ・競走しよう 友だちと力比べしよう ・押し相撲 ・バランスくずし	友だちと力比べしよう ・押し相撲 ・バランスくずし ↓ 友だちを支えて・運んで・パワー発見 ↓ ・人数を変えて ・運び方を工夫して	からだを支える方法・運ぶ方法を進化させよう ・グループごとに3段階の方法を考えて、クラスに紹介し、一緒に行う
45分	今日の動きを振り返る			

115

6．学びのあしあと

[第1時]

　まず導入として，単元のテーマ「支えて・比べて，パワー発見」を提示し，その中から，「支える」の言葉をキーワードとして，ふだんなにげなく行っている「立つ」姿勢から，自分のからだを支えているという意識を子どもに向けさせ，その姿勢以外で，支えるというイメージがどんなものか，動きで示すように投げかけた。すると，さまざまな姿勢をとっていった。その姿勢（動き）は，

>・片足立ち　・V字バランス　・ブリッジ　・かえる倒立　・倒立

など，これまでのバランスをとる動きの経験から得たものを行う子どもが多かった。さらには，手足をついて支える動きから，移動する動きへ変換しようとする子どもが出てきた。移動の様子が出てきたことを捉えて，支える力と移動する動きを組み合わせていった。その際は，「動物はどのようにからだを支え，移動しているのかな？」と動きを想像しやすい言葉を投げかけた。動きは，

>・うさぎ跳び（膝を曲げ両足で床を蹴り，両手を前について進む）
>・犬歩き（両手両足をついて進む）
>・しゃくとり虫
>・アザラシ歩き（両手を床につき，両足を引きずりながら進む）

などが現れ，命名しながら動きをつくっていった。それぞれの動きは，クラスに広め，みんなで試していった。このあたりから，子どものつぶやきとして，「手が痛い」「足も痛い」「背中も痛い」と感じるようになり，力はさまざまなところに働いているという意識が自然発生的に生まれてきた。

　次に，もう一度，「移動なしの支える動き」を問いかけると，腕立て伏臥の姿勢をとる子どもが多かった。バランスをとって支えるというはじめのイメージよりも，力を出して支えるというイメージに変わっていた。そこで，その姿勢で，「からだを棒のようにして支えよう」と投げかけると，手以外のところに力が入るのを感じ取るようになった。さらに動きづくりを進めると，

>・コンパス回り　・かえる倒立　・長座倒立　・背支持倒立　・V字バランス

と，いわゆる力技を試す子どもが多くなった。

最後に，相手に支えられ自分でも支える動きとして，「手押し車」を紹介した。相手の足を持つ側の子どもはいろいろな持ち方をしながら安定する場所を探り，自分を支える側の子どもは支えやすい位置で手をつこうとしていた。2人の息が合うと自然と歩き出し，歩きながらさらにそれぞれの力の入れどころを探りはじめた。安定する場所を考え，まねし合って，歩数を増やしていった。心地よい動き方を試しながら力を感じ，教師の言葉かけで，そのとき自分のからだに起きていること（力が入るところ，力を入れるところ）が，「気づき」に変わりつつあった。

[第2時]
　前時の自分のからだを支える動きを試す中で，まわりの子と回数や歩数を競い合うようになった。そこで本時は，友だちと力を比べる方法を考え，試していった。まず，ペアで力を比べるための動きとして，「コンパス回り」の回数比べ，1周する速さ比べを行い，腕力で回るか力の移動を速くするかを感じていた。さらに，腕立て伏臥の姿勢でジャンケンをしたり，四つ足歩き（犬歩き，クモ歩き）で競走したりした。これらの動きから，力そのものの強さと，すばやく動くことを組み合わせて動くことを感じ取っていた。また，腕の力だけでなく，違う力も必要と感じ取った。ここでは，脚や腹筋や背筋にも力が入ることに気づくようなった。
　次に，友だちと接する力比べとして，「押し相撲」を紹介した。すると，単純な押し合いから，間をあけたり，片足で行ったり，形を変えて行うようになったので，クラスで広め行った。また，バランスくずしも紹介し，ここでも，押す力だけでなく，引くという力にも気づくようになった。

[第3時]
　本時は前時の押し相撲の続きから行った。押すことに一生懸命で，対戦をしていくうちに，腰高だった子たちが，だんだん腰を低くするような動きに変わっていった。その動きを全体で見合い，力の入れどころを意識するようになった。ただ，今回の相撲は，押し勝つことに魅力を感じていたようだった。
　次に，一転して，「友だちを支えよう，運ぼう」の課題を提示し，ペア・3人組・4人組とつくり，その人数で「地蔵倒し」を行った。安全面に留意しながら，徐々に支える側と倒れる側との間隔を開いていった。はじめは支える側の子どもたちも腕だけが動いているようであったが，腰を低く支えるようになっていった。倒れる側も，はじめは腰が曲がり，こわごわ行っていたが，倒れていく感覚を味わいながら自然と腹筋に力を入れて腰を伸ばした倒れ方に変わっていった。

最後に，友だちを線から線まで運ぶ方法を考えて動きを行わせた。
　ペアでは，・抱っこ・おんぶ・引っ張るで運び，2人で1人を運ぶときは・担架（手足を持つ）・2人で抱える，3人で1人を運ぶときは・騎馬・飛行機・担架の変形のように運び方を工夫していた。運ぶ子は，「腕だけでは運びにくい」「体と一体になっている感じで力を出さないと重い」と感じていた。そこで，どこに力を入れるかを意識して動くようになっていったようだった。

[第4時]
　これまでの動きを参考にして，グループごとに「"パワー発見"メニュー」をつくって紹介し合い，試し合った。複雑な動きよりも，単純な動きで力の出し方・入れ方の違いを感じているようであり，その動きを体育の授業後も楽しみ合うことができた。

7．授業を振り返って

　テーマとして示した"パワー発見"では，自分の力でいろいろな動き方を試し，「支える・比べる」で力の発見のおもしろさに迫ることを課題とした。導入では，簡単な話題から動きをイメージさせ，すぐに挑戦可能な動きをつくることにより，子どもたちは，体格の違いを気にせず，各自の力で動きを試すことができた。さらに「移動する」という組み合わせた動きを動物の動きに置き換えたことにより，動き方を工夫しやすかったと思う。今回，子どもたちは自分の力の出し方を体感し，もっと出したいという意欲から次の動きを工夫していった。それが，形（姿勢）の変化や，回数や競走などにも発展していった。教師はその動きに対しタイミングよく言葉かけをすることによって，その動きに対応した力の入れどころを意識させることができると感じた。そうした「感じたこと」を「意識化」させることにより，中学年であっても挑戦している動きの質を子どもたちなりに高めていくことができると感じた。まさに多様な動きから得られる「感覚」を動きへの「気づき」に変える瞬間を実践できた単元であった。

(田中勝行)

ちょっと一息

「SP運動」とは？

「SP運動」とは，センス・パーセプション（Sense Perception）運動（造語）のことです。さらに，センス・パーセプションとは，感覚的認知と訳します。慣れの運動やサーキット運動と違う，活動しながら思考して，単元で扱う運動にかかわる認知を高めるようにする運動として，毎時間導入時に実施します。経験しながら身体へ気づくという感覚的に認知されることを期待した運動です。運動内容は，その単元と連関するものとし，次の配慮事項が必要と考えました。

【配慮しなければならない点】
①種目（技術構造）にとらわれすぎないで，内容から気づかせたいことを導く。
②シンプルな活動にする。
③やさしい（易しい，優しい）活動にする。
④プレイフルな活動にする。
⑤効率的なマネジメントで実施できる活動にする。

下の表はネット型のボール運動の授業における単元で実施した活動実践です。

SP課題	子どもたちへの投げかけ	子どもたちの活動	気づかせたいこと
SP1 空間介在	人やモノにぶつからないようにしよう	一人1個のボールで，投げ上げキャッチ・弾いて移動する	仲間とボールとの空間（安全・位置関係）を認知する
SP2 他者介在	ボールを落とさないようにしよう	チームで落とさないようにキャッチと弾くを使って	次の動きを予測して，仲間と連動して動くこと
SP3 身体介在	(SP1・2に含む)	(SP1・2の中で)	①ボールの落下地点に身体を移動してしっかりキャッチする ②ボールを弾く心地よさを味わう ※心地よい動きと技能への試行錯誤

運動する心地よい感覚（センス）から認知（パーセプション）される動きが創造されることを期待する運動が，「SP運動」という新しい発想の運動形態です。

(田中勝行)

実践例8 〔中学年④〕

"みんなで動こう「は・ほ・そう・ちょう」"
(体を移動する運動)

1．探求したい動きのおもしろさ

- ふだんなにげなく行っている「這う，歩く，走る，跳ぶ」動きを友だちと工夫すると，多様な動きが生まれておもしろい。
- 「這う，歩く，走る，跳ぶ」動きがスムーズにできたり，難しくて簡単にできなかったりすることがおもしろい。

2．動きのおもしろさを「感じる」工夫

①特定の動きをこなすことに終始してしまうとおもしろくない。動きを工夫し，紹介し合う場を設けることで，新たな動きに挑戦することができる。【過】

②友だちと一緒だからできる動きがある。グループで動きを工夫することで，同時に動く，順々に動くなど，1人ではできない動きを体験することができる。【過】【形】

③「這う，歩く，走る，跳ぶ」という動きは，ややもすると単調になりがちである。コースをつくってグループで回ることで，動きをつなげたり組み合わせたりして動きに変化を生むことができる。【過】【形】【材】

3．学びでの「気づき」の工夫

①徐々に課題や場を難しくすることで，どんな動きなのか，どう動くのかを考えざるをえない状況をつくり，「気づき」を促す。【過】

②動きの工夫や感じたことを頻繁に問い，積極的に意味づけることで，「気づき」を顕在化させる。【声】【評】

③動きの工夫や感じたことをグループや全体で話し合い，関連づけたり整理したりすることで「気づき」を明確にしていく。【過】【形】【声】

4．学びを見取るための視点（評価規準）

		意識	無意識		意図的
	「気づき」「感じ」	動きのおもしろさへの気づき	動きの出来事への気づき		動きを工夫するための気づき
心地よさ（感じ）	スムーズな感じ	無理なく動いている。	速さ・リズム・方向・人数・動き方を意識して無理なく動いている。		易しい動きを考え，友だちと協力して無理なく動いている。
	なんとかできる感じ	見よう見まねで動いている。	速さ・リズム・方向・人数・動き方を意識して動いている。		多様な動きを考え，友だちと協力して動いている。
心地悪さ	スムーズでない感じ	動きの特徴を理解してできるようになろうとしている。	速さ・リズム・方向・人数・動き方を意識してできるようになろうとしている。		難しい動きを考え，友だちと協力してできるようになろうとしている。

5．単元の流れと実際

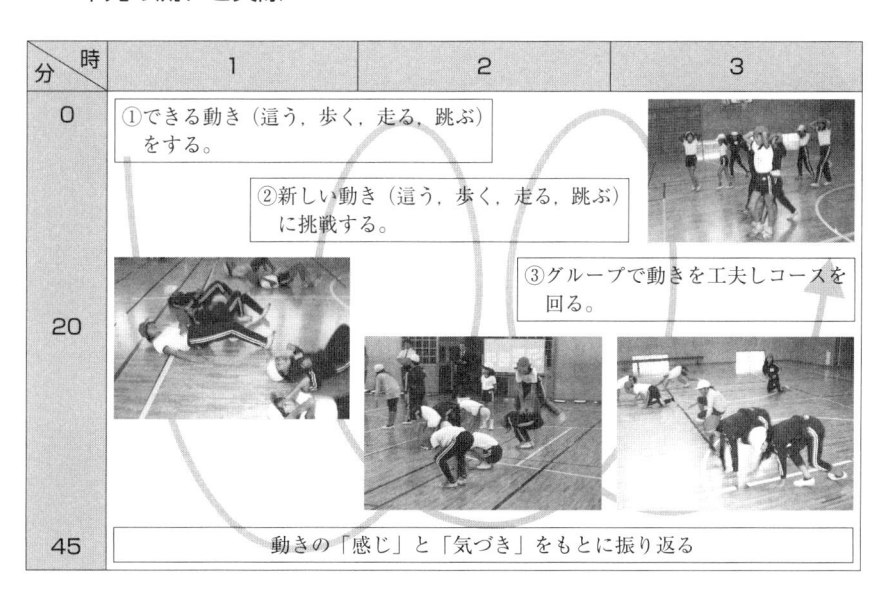

分＼時	1	2	3
0	①できる動き（這う，歩く，走る，跳ぶ）をする。	②新しい動き（這う，歩く，走る，跳ぶ）に挑戦する。	③グループで動きを工夫しコースを回る。
20			
45	動きの「感じ」と「気づき」をもとに振り返る		

121

6．学びのあしあと

[第1時]

　取り組む動きを「は（這う）・ほ（歩く）・そう（走る）・ちょう（跳ぶ）」とし，それぞれの動きを順に一定時間ずつ行った。まずは，「は（這う）：はいはい，アザラシ」，「ほ（歩く）：前後，スキップ，ギャロップ」，「そう（走る）：前後」，「ちょう（跳ぶ）：足かかえ，大の字，回転」を教師が動いて見せた後，一斉に動いた。スキップとギャロップとの違いや跳躍の高さ等，

"は"（這う）の動き：はいはい

動きとしては未熟な部分があるものの，子どもは経験したことのある動きのため，ある程度はスムーズに動くことができた。「動いてどんな感じ？」と問うと「簡単」「らくちん」「ぐんぐん進む」という答えが返ってきた。

　その後，「工夫して動きをつくろう」と投げかけた。そして，出てきた動きにネーミングし，積極的に紹介した。

[第2時]

　「次は，這う動きの『は』一っ！」「どんな動きがあるかな？」「おー，○○さん，おもしろそうな動きしているね。やってみせて」「その動きの名前は何ていうの？」「みんなでやってみよう」「動いてどんな感じだった？」「次は，……」というように，テンポよく進めていった。とにかくいろいろな動きをするようにした。動きにネーミングができるという魅力も手伝って，いろいろな動きが考え出された。

は（這う）：ほふく前進，わに，あおむけ，こまつたかし　など
ほ（歩く）：ひもなし4人5脚，ブリッジ，後ろ歩き，ぐるぐる回る　など
そう（走る）：回転走り，カンガルー，大また走り，ダッシュストーム　など
ちょう（跳ぶ）：両足跳び，うさぎ跳び，かえる跳び，馬跳び　など

　「ダッシュストーム」は，手を横に広げ飛行機の翼のようにして，「ダッシュストーム！」と叫んで一気に走る。これはほとんどの子どもができた（女子の声は小さかったが）。ネーミング，簡単な動き，声を出すといった点から，友だちに大変評判がよい動きだった。ふつうに走るより「グーンと伸びていく感じがおもしろい」「風が気

持ちよい」とのことだった。

「こまつたかし」という動きは、「こまつたかし」という子どもが考えたほふく前進に似た動きである。うつぶせで、足を伸ばした状態で、つま先だけを上手に動かす。みんなでやってみたが、難しくてなかなかスムーズに進まない。そして、いま一度、たかしさんによる試演。歓声が上がった。「たかしさんしか上手にできない」ということで、その動きは「こまつたかし」に決定した。

"は"（這う）の動き「こまつたかし」

子どもは少しの工夫で動き方が変わること、動きが変わると難易が変わり、動く感じも違ってくることに気づいていった。

[第3時]

これまでの"は（這う）""ほ（歩く）""そう（走る）""ちょう（跳ぶ）"の動きをもとに、正方形のコースを回った。どこでどんな動きをどのようにするとよりおもしろいのか、グループ内で話し合い、試行錯誤しながら動く。

最初、一辺ごとに止まっては次にどんな動きをするか話し合うため、動きが止まっていた。そこで、スピードを大事にしたいと思い、四つの動きをあらかじめ決めてから動く、簡単な動きでよいのでとにかく続けて動く、と指示した。さらには、動き出したグループを積極的に見て、まねてみるよう働きかけた。

どうにか動き出すと、同じような動きをつなげていくグループが多くなった。教師が意図したスピードだけでなく、動きが少しずつ変化していくことが子どもにとってはおもしろかったようだ。子どもと話し合い、「〇〇系回り」と呼ぶことにした。

「ぐるぐる系回り」とは、「横転がり→横回りしながら歩く→横回りしながら走る→横回転で跳ぶ」動きである。「すごく目が回る」「気持ち悪くなる」「ときどき転ぶ」「みんなでつながっ

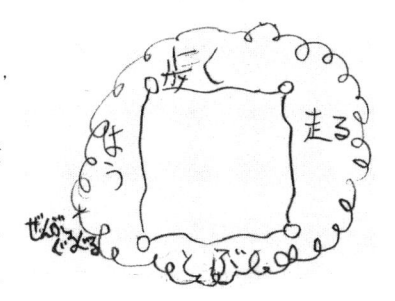

動きの記録「ぐるぐる系回り」

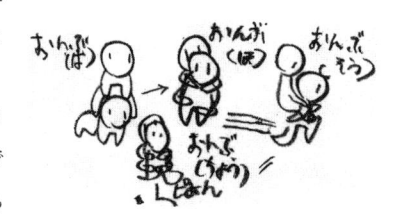

動きの記録「おんぶ系回り」

123

て動く」ことがおもしろかったようだ。

「おんぶ系回り」とは，2人組になり，「お馬さん→おんぶで歩き→おんぶで走り→おんぶでジャンプ」という動きである。「乗られている人は大変だけど，乗っている人は楽」という感じからは，動きの変化だけでなく，友だちと一緒に動くおもしろさを感じていたようだった。

"ほ"(歩く)の動き「ひもなし4人5脚」

また，グループのメンバーが順々にスタートしていたのが，一緒にスタートして動きを合わせて回る動きも出てきた。目を合わせ（アイコンタクト），声をかけ合い動く。「ひもなし4人5脚系回り」などがこれに当たる。「なかなか合わないけど，合うとうれしい」ようだ。コース回りでは，1人ではできない，グループだからこそできる動きのおもしろさを味わっていた。

単元の振り返りとして，「は，ほ，そう，ちょう，コース」，それぞれをどう感じたか，記述させた。

〔ある子どもの記述〕
は：アザラシなどではうと，次の日きん肉つうになってしまったので大へんだった。やってみると，と中でつらくなってとまってしまう。
ほ：4人5きゃくは，そろっていたのでうれしかった。でも，2人3きゃくのほうが楽しかった。ブリッジはできたけど，進めなかった。
そう：回転走りは，目が回ったけどちょっと楽しかった。
ちょう：馬とびやスキップが楽しかった。スキップはいつでもできるから運動になっていい。でも馬とびは人数を集めなきゃいけないのであまりできない。
コース：いろいろな回り方や走り方をできるのでいい。走るのが楽しかった。

子どもは，動きの特徴と感じを共有していった。動きを考え，みんなで動き，その動きのおもしろさを意味づけていったのである。

7. 授業を振り返って

　実践前は，スピードやリズムといったスムーズに動く心地よさを感じ，そのことがおもしろいと考えていた。たしかに，ダッシュするスピードや，「うさぎ跳び」や「かえる跳び」のリズムよく跳ぶことをおもしろいと感じた子どもは多くいた。ところが，子どもから発せられる言葉は「楽しい」「おもしろい」よりも「苦しい」「つかれる」「できた」が意外にも多くあった。

"ほ"（歩く）の動き「ブリッジ」

　例えば，"ほ"（歩く）の動き「ブリッジ」は，その形になることが難しく，ましてや方向がわからなくなるので進むことはもっと難しい。ところが子どもは必死に挑戦した。そして，1歩でも2歩でも進むと喜んだ。「この動き，すごくおもしろい」と。

　ふだんなにげなく行っている「這う，歩く，走る，跳ぶ」といった，移動する動きをみんなで工夫するといろいろな動きができることがおもしろく，さらには，意外に難しく，楽にはできないこともおもしろいと子どもは感じた。そして，スムーズに動けない心地悪さを感じつつなんとか挑戦し，スムーズに動けるようになるともっとおもしろいと気づいたのだと思う。

　本実践は，友だちと運動の行い方を工夫し，速さ・リズム・方向・人数・動き方などを変えて，這う，歩く，走る，跳ぶなどの動きとそのおもしろさの追求を主にした。自己と他者と動きとのかかわりを重視したのである。子どもの姿からもその方向は間違っていない。ただし，学習指導要領では，体の基本的な動きを身に付けることが主なねらいとされている。同じ動きを繰り返し行う，つまり練習することによって動きを身に付け，その結果としてスピードや，リズムよくスムーズに動くおもしろさを味わう，という方向もある。本実践では，動きの内容は子どもに多くを委ねたため，動きの種類とその出来栄え（レベル）が曖昧であったことは否めない。「基本的な動き」とは何で，「身に付ける」とはどの程度を指すのか，そして，それらと動きのおもしろさとどう関係づけていくのか，今後の課題である。

（石黒和仁）

実践例9 〔中学年⑤〕

"なわナワールド"
（体を移動する運動・用具を操作する運動）

１．探求したい動きのおもしろさ

体を移動する運動
- 友だちと息を合わせる動きがおもしろい。

用具を操作する運動
- 高く跳べたり跳べなかったり，いつもと違う感覚を味わえることがおもしろい。
- 友だちと，場を生かした新しい跳び方を考えることがおもしろい。
- 自分の縄を友だちに預け，息を合わせて跳ぶことがおもしろい。

２．動きのおもしろさを「感じる」工夫

①「友だちを跳ぶ」ことで緊張感のある活動となる。そのため，自然と声かけや話し合いが生まれ，友だちとかかわり合うことの楽しさにつながる。【形】

②跳んだとき，ふだんと違う感覚を感じる中で，それに合わせる動きや乗り越える動きを自由に発想することで，跳び方を工夫するおもしろさにつながる。【過】

③自分が跳ぶ縄を友だちが持ち，友だちが跳ぶ縄を自分が持つ。そこで，息を合わせて跳ぶ楽しさを味わうことで，かかわり合いが深まる。【材】

３．学びでの「気づき」の工夫

①自由に場を選べるようにすることで，個々が試行錯誤を始める。それをみんなで共有する場を設定し，動きの「気づき」を促していく。【形】【支】

②個別活動を中心にすることで，自分が試してみたい感覚をとことん追求したり比べてみたりと，個々が追求できるようにする。【過】

③互いの縄を持つことで，必然的に友だちとかかわり合った活動になる。そこから，より多くの友だちと息を合わせる活動が生まれ，かかわり合って活動する楽しさを味わわせる。【材】

第4章 「体つくり運動」の授業実践

4．学びを見取るための視点（評価規準）

		無意識・・・・・・・・・・（気づき）・・・・・・・・・・・意識		
	「気づき」「感じ」	動きのおもしろさへの気づき	動きの出来事への気づき	動きを工夫するための気づき
違和感	ふだんのような感覚で体が動かない・動かせない感じ	思った以上に跳べる／跳べない感覚を楽しんでいる。自分のリズムで跳べない感覚を楽しんでいる。	ふだんよりも力の加減を意識することを意識している。他者とリズムを合わせることを意識している。	個別活動にすることで場を行き来して違いを味わう。少数で行うことで合わせるおもしろさにふれている。
（感じ）	感覚の違いを楽しみ，生かそうとする感じ	体を預ける，いつもより力を入れるなど加減する感覚を楽しんでいる。友だちと動きがシンクロし，スムーズになることを楽しんでいる。	それぞれの場の特徴を生かして，その動きを拡大しようとしている。少しずつ人数を増やし，より合わせることが難しい状況をつくっている。	自由に場を行き来することで，違いを強調して味わい楽しんでいる。つながりを増やすことで，大勢で合わせるおもしろさにふれている。
一体感	感覚の違いを味わい，乗り越えようとする感じ	場の特徴を生かし力加減を意識するおもしろさを味わっている。互いに相手をコントロールしている状況のおもしろさを味わっている。	ふだんより高く・力強く跳ぶことで，場を生かした跳び方をしている。多くの友だちと息を合わせるためにどうすればよいか考え，試している。	跳び方を工夫することで技能向上とともにおもしろさにふれている。友だちと協働して運動することのおもしろさにふれている。

5．単元の流れと実際

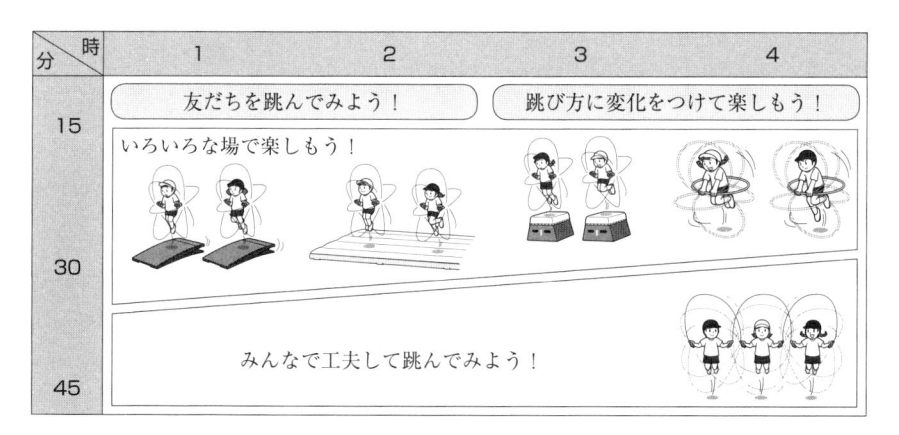

分＼時	1	2	3	4
15	友だちを跳んでみよう！		跳び方に変化をつけて楽しもう！	
30	いろいろな場で楽しもう！			
45		みんなで工夫して跳んでみよう！		

127

6．学びのあしあと

　本単元は準備運動も含めて三つの学習で構成し，一人ひとりが学びを深める場面と，友だちとかかわり合って学ぶ場面を，1時間の学習で行うこととした。

　また，時間配分を工夫し，単元前半は「いろいろな場で楽しもう！」の時間を多くとり，個々の追究がしやすいようにした。そして，単元後半になるにつれて「みんなで工夫して跳んでみよう！」の時間を増やし，かかわり合いながら追究できるようにした。

　一人ひとりが学びを深める場面は，学習前半に四つの場《踏み切り板・マット・跳び箱・フラフープ》で行った。ふだんよりもジャンプが小さくなる場と大きくなる場，不安定な場，縄に比べて柔軟性がない道具を使う場の四つを通して，モノと向き合い，その特性を生かした動きを考え楽しむ活動を目指した。

　かかわり合って学ぶ場面は，準備運動での2人組の跳び遊び，そして学習後半の《つながり跳び》を行った。この学習では，自分と友だちが互いに相手に合わせて縄を回して跳ぶという活動を通して，友だちと向き合い，その特性を生かした動きを考え楽しむ活動を目指した。ここでは，それぞれの活動ごとに子どもの学びの姿をまとめることにする。

【学習の前半】

○**友だちを跳んでみよう！（第1・2時）**

　第1時はチーム対抗で，ペアで手を使わずにボールを運ぶリレーで体を暖めた後，「友だち"またぎ越し"」の活動を行った。これは，2人一組で片方が足を開いて座り，もう片方がその足を両足跳びで跳び越えるというものである。最初は，「友だちの足を踏んだらどうしよう」「友だちに足を踏まれそうで恐い」というドキドキで，おそるおそる跳んでいた。その際，座るほうの子どもは必ず，手を後ろに置くように声かけをした。ペアで何度か交代しながら跳ぶうち，スムーズな動きになってきた。すると，「どうやったら速くできる？」という声が上がったので子どもたちを集め，何組かのペアの跳び方を見た。速く跳べている子を見たとき，「あっ，かかとがついていない！」と気づき，早速試してみると，「跳びやすい！」という声が上がった。第2時も同じ

学習を行ったが，慣れたようで，「もう簡単！」と言いながらスムーズに跳んでいた。
○跳び方に変化をつけて楽しもう！（第3・4時）
　第3時からは体を暖める運動として"色おに"を行った後，友だちの「またぎ越し」に入ったが，少し変化をつけた。今度は，座っているほうが足を開く→閉じるを交互に行い，跳ぶほうはそれに合わせて閉じる→開くと交互にジャンプするものである。最初は，こわごわ一回一回止まったり，足を踏まないように少し互いに離れたりして跳んでいたが，少しずつうまく跳べるペアが出てきた。最後に集合し，どうすれば上手に跳べるかを聞くと，上手に跳べたペアはみんな声をかけ合ったと答えたので，次時はそれを意識してみようと話した。
　第4時は前時の話し合いが生かされ，どのペアもスムーズに跳べた。子どもたちは思い思いの「合い言葉」を考えて声をかけ合い，楽しく跳べていた。互いに相手を信頼し，息を合わせる楽しさを味わいながら活動していた。

【学習の中盤】
○いろいろな場で楽しもう！
　ここから，縄を使った活動に入る。跳び箱（1段のみ），踏み切り板，マット，フラフープを，子どもたちと協力して準備した。第1時は四つの場を紹介し，「今日は全部の場を試そう」と声かけし，思い思いに活動の場へ行った。
　踏み切り板の場は，バネのない踏み切り板とバネのあるロイター板の2種類を用意した。跳ぶ位置が悪かったり，跳ぶ場所が動いてしまったりする子は，縄が板の角に引っかかってしまう。そのため，子どもたちは，立つ位置を確かめながら跳んでいた。徐々に長く跳べるようになってくると，だんだん高く跳ぶようになってきて，「うわぁ」という歓声を上げながら，その感覚を楽しんでいた。
　マットの場は一見違和感がないが，すぐにいつもより跳べないと感じる子が出てきて，「先生，跳べなーい。なんだか不思議」という声が上がった。一方で「いつもより足が痛くならない！」と感じる子もいた。ふだんの跳び方の癖によって受け止め方が違っていて，感覚の違いを互いに少し不思議そうにしていた。
　跳び箱の場は1段とはいえ高い位置で跳ぶとあって，おそるおそる挑戦する子が多かった。慣れると少しずつ連続で跳べるようになり，「先生，跳べた！」と言いなが

ら笑顔を見せていた。
　フラフープの場は，縄の代わりにフラフープを跳ぶ場として設定した。スムーズに前回しができる子は跳ぶことを楽しんでいた。また，縄跳びの苦手な子はフラフープを回すのに苦労していたが，縄とは違う感覚を楽しんでいた。
　第2～4時は，気に入った場を中心に活動した。ほとんどの子は，二つくらいの場を中心に活動していた。ここでは，それぞれの場で行われた活動を紹介したい。

《踏み切り板》
　「ビヨーンと跳べる」「浮かんでるみたい」という感覚を味わいながら，より高く跳ぼうと挑戦していた。高く跳びながら向きを変えたり，二重跳び・三重跳びに取り組んだり，それを数人で同時にやってみるという活動に広がっていった。「いろいろな跳び方が簡単にできて，不思議だった」という感想もあった。

《マット》
　「跳びづらく，何回も引っかかった」という子も多かったが，その跳びづらさを「おもしろい！」と言い，どうしたら跳べるかを友だちと試しながら跳んでいた。また，反対に跳びやすいという子は，「いつもより二重跳びが疲れない」と言いながら，繰り返し二重跳びを跳んでいる子が多かった。

《跳び箱》
　跳び箱の幅の狭さから，跳ぶときのバランス感を楽しむ子が多く，「落ちないように跳ぶスリル感が楽しい！」という声が多かった。また，どうしたら長く跳べるか考え，「跳び箱の中心を跳ぶといい」と予想し，繰り返し跳んでいる子もいた。反対に，跳び箱から落ちるおもしろさを味わうことから始まり，縄跳びしながら跳び箱に乗る・降りるといった活動に発展していった。

《フラフープ》
　前回し跳びから発展し，手を交差させて跳ぶ，後ろ向きに跳ぶ，友だちと2人で一つのフラフープで跳ぶなど，さまざまな跳び方で楽しんでいた。少しずつ，手首の使い方がうまくなると，スムーズに跳べるようになり，それを教え合いながら活動していた。

【学習の後半】
○みんなで工夫して跳んでみよう！
　「つながり跳び」とは，友だちと互いに縄を持ち合って跳ぶもので，3人，4人と跳ぶ人数が増えると，自分の縄を友だちが持ち，友だちの縄を自分が持つ，という跳

び方になるものである。人数が増えていくほど,回し方の工夫をし,息を合わせないと跳べない難しさがある。

　第1時は,最後に5分程度,「ペア跳び」に挑戦した。これは,互いの縄の片方を持ち合う跳び方である。比較的すぐに跳べるようになり,次時も個々の活動する場の時間で試したり,休み時間に校庭で挑戦したりする子が多かった。

　第2時は,3人組の「つながり跳び」から挑戦した。これは,真ん中の子ども以外は自分の縄を持てるので,少し練習するとうまく跳べていた。すると,4人組でやりたいという声が出て跳びはじめた。これは,2人が自分の縄を持てないのでなかなか難しく,「せーのっ」とかけ声をかけながら何度も挑戦していた。

　第3・4時は,大きく分けると,二つのつながり跳びに発展していった。一つは,4人組をもとに"花いちもんめ"のような対決遊びをするグループ,もう一つはつながり跳びの人数をさらに増やしていくグループである。

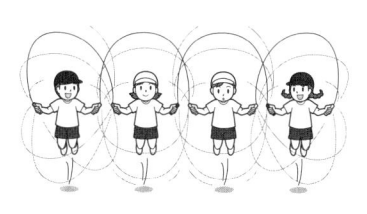

　最終的には,「みんなで人数を増やすつながり跳びをやろう!」という意見にまとまり,取り組んだが,8人で12回が最高記録だった。人数を増やすために,息を合わせるだけでなく,縄の持ち方や並び順などさまざまな工夫を出し合いながら楽しんでいた。「いつかクラス全員でやってみたい!」という声で終了した。

7. 授業を振り返って

　個々で取り組む場面,かかわり合いながら取り組む場面ともに,とても意欲的に取り組むことができた。特に,つながり跳びは「自分の思いどおりにならないが,ぴったり息が合うと跳べる!」という楽しさを味わうことができた。

（本田祐吾）

実践例10 〔高学年①〕

"「体力工場！」——巧みな動きを高めよう！"

(巧みな動きを高めるための運動)

1．探求したい動きのおもしろさ

- タイミングがとりにくい状況の中でタイミングをとることで動きの心地よさを味わうことがおもしろい。
- 自分でバランスをくずしたり，友だちにバランスをくずされたりする状況で，バランスをとって，体を思いどおりに動かせたり動かせなかったりすることがおもしろい。
- リズミカルに動けたり動けなかったりすることがおもしろい。
- 予測できない状況の中で，体を俊敏に動かせたり動かせなかったりすることがおもしろい。

2．動きのおもしろさを「感じる」工夫

①教具の工夫

バランスをくずす遊びなどを取り入れることによって，ふだん経験できない動きが生まれ，その動きのおもしろさを感じ取らせる。そのために，平均台やＧボールを使用し，不安定な状態から安定した状態に体を動かす活動を行う。【形】【具】

②動きの工夫

意図的に不安定になる場を設定し，「できるか／できないか」という不確定な動きのおもしろさを感じ取らせる。そのために，ジグザグしながら歩いたり，後ろ向きで歩いたりするなど，歩き方を変える工夫をする。【形】

3．学びでの「気づき」の工夫

①学習形態の工夫

子どもたちが発想した動きを互いに学習する形態であるワークショップ型の学習を活用する。友だち同士で動きのおもしろさを共有することで，体の動かし方や動き方のコツをアドバイスし合い，「気づき」を促すことにつながる。【形】

②単元計画の工夫

　単元の前半では，教師が提示した運動を全員で楽しむ時間にする。そして，単元の後半では，前半で習得した動きを活用して，自分たちで場をつくったり選択したりして活動する時間にする。【過】

③表現の工夫

　動きの「感じ」を，「シュッ」「パッ」「クルッ」「ドンッ」などのオノマトペにして表現させることで，動きのコツを言葉と体で確かめさせる。また，ワークショップ等で友だちに伝える際の手段として活用し，習得した動きのコツを友だちと共有できるようにする。【支】

4．学びを見取るための視点（評価規準）

		無意識・・・・・・・・・・（気づき）・・・・・・・・・意識		
	「感じ」 \ 「気づき」	動きのおもしろさへの気づき	動きの出来事への気づき	動きを工夫するための気づき
違和感	身体が不安定な感じ	バランスやリズムをうまくとることができないが，バランスをくずす感じを楽しんでいる。	バランスやリズムをとるおもしろさに気づき，安定した場を生み出そうと試している。	課題を易しくして，動きの「安定／不安定」の均衡を保とうとして工夫し，おもしろさにふれている。
（感じ）	身体が安定した感じ	バランスやリズムが安定しているが，その動きをすることを繰り返し楽しんでいる。	バランスやリズムくずしのおもしろさに気づき，不安定な場を生み出そうと試している。	課題を難しくしながら，動きの「安定／不安定」の均衡を保とうと工夫し，おもしろさにふれている。
一体感	身体が安定したり，不安定になったりする感じ	バランスやリズムを安定させようとして「できるか／できないか」という動きのおもしろさを味わっている。	バランスやリズムの「安定／不安定」の狭間で，バランスくずしの条件に気づき，それを生かそうとしている。	課題の困難性を保ちながら，技能の向上とともに，行い方を工夫し，仲間と協働して運動することのおもしろい世界にふれている。

5．単元の流れと実際

時	テーマ		学習の様子	
1		〈オリエンテーション〉 簡単な体力測定を行い,「巧みな動き」を得点化して自己の体力を知る。		Gボールを使った運動を行う。
2	動きが生まれる	〈巧みな動き①〉 「タイミングよく」動いてみよう。	用具を操作し,つかんだり,くぐりぬけたりする。	「フォーリングパイプ」 上から落ちてくる棒をキャッチする。
3		〈巧みな動き②〉 「バランスをとって」動いてみよう。	不安定な用具に乗り,安定した状態にする。	「グラグラタクシー」 バランスをとりながら,台車の上に乗り,運んでもらう。
4		〈巧みな動き③〉 「リズミカルに」動いてみよう。	曲に合わせて体を操作する。	「いるかはざんぶらこ」 曲に合わせて,竹竿をリズムよく飛び越える。
5		〈巧みな動き④〉 「力を調整しながら」動いてみよう。	決められた時間や範囲の中で俊敏に動く。	「クイックキャッチ」 どこから倒れるかわからない棒を30秒間でたくさんキャッチする。
6	動きが広がる	〈オリジナル体力工場をつくろう〉 これまでの動きを活用して,グループで友だちに紹介したい動きの場をつくる。		図や言葉で表現しながら「体力工場」の構想を考える。
7		〈オリジナル体力工場に出張しよう〉 ワークショップを行い,互いの動きを試してみる。		「ワークショップ」 自ら考え出した動きを友だちと互いに共有し合う。

6．学びのあしあと

第2時 「タイミングよく動く」力を高める運動

教具：フラフープ，棒

1　提示
・棒をタイミングよくキャッチする
・転がるフラフープの中をくぐりぬける

2　支援
・声を出す

　タイミングよく動けるように，個人やグループで用具の動きに合わせた拍子や声を出すように指示した。最初は，声を出すことを躊躇していた子どもたちも，慣れてくると，「1, 2の3，今だ！」とタイミングのよいかけ声を瞬時に示すようになった。

・たくさんふれる

　運動にふれる時間や回数を確保するために，「時間内は，とにかくやり続けるよ」という指示をした。子どもたちは自由に運動できるので，無我夢中になって運動を楽しんでいた。また，運動の仕方を少しずつ変化させて運動していた。

遊びを思考する

よりスリルが高まると，体を動かすおもしろさをより味わうことができる。

3　創作
「タイミングよく動く力を高める運動を自由に考えてみよう」

4　支援
・つくり方を教える

友だちとの息を合わせて！
ドキドキハラハラするね！
よーし！　せーの‼

ここまでやってきた運動を,よりスリルを味わえる動きにアレンジしたり,用具は同じでも,全く違う使い方で運動を考えたりと,既習した運動や用具をもとに考えさせた。子どもたちの中では,「できるか／できないか」という状況をあえてつくり出し,楽しむ姿が見られた。

・内容を教える

　今日の運動は,「タイミングよく動く」「タイミングに合わせて動く」ことができる運動と説明し,言葉を変えながら,運動内容を指示した。子どもたちから,「タイミングを合わせるのって,ドキドキする」という声が出るなど,指示した言葉を使って,感情を表現していた。

第3時　「バランスをとって動く」力を高める運動

教具：棒,Gボール,平均台など

1　提示
・棒を手のひらに立てて維持しながら歩く
・Gボールの上で,状態を安定させる
・平均台の上をいろいろな状態で移動する

2　支援
・オノマトペ

　体の一部分を安定させることで,不安定な状態から安定した状態になるというコツを見つけさせたかった。そこで,バランスがうまくとれている子どもの動き方を紹介し,身体のどこがどんなふうに動いているか,言葉を使って表現させた。

　「グラグラする感じがする」と動きそのものを楽しむ姿や,「グッとつま先に力を入れれば,バランスがとれるよ」など,動きのコツを言葉で表現する姿が見られた。

↓ 遊びを思考する

第4章 「体つくり運動」の授業実践

コロコロがついている台の上でグラグラするのが楽しい!!

足がフラフラして，スリル満点！

よりスリルが高まると，体を動かすおもしろさをより味わうことができる。

3　創作
「バランスをとって動く力を高める運動を自由に考えてみよう」

4　支援
・遊びの工夫を称賛する

　これまで自分が達成できていた遊びの難易度を少し上げることで，バランスがくずれるという状態が生まれた。「できるか／できないか」の中で遊ぶことで必然的に意欲が生まれ，動きを楽しんでいる様子だった。「こわいけどおもしろい！」「もう少しでできるのに！」といった声が飛び交うようになった。

　そんな子どもたちの発想をより活発にさせるために，おもしろい動きを考え出したグループを紹介したり，難易度の上がった動きを一緒に取り組みながら，子どもたちの意欲をかき立てるようなかかわり方をした。

・道具の効果を実証させる

　道具を使用する際の安全面について配慮した上で，子どもたちの自由な発想を促すために，さまざまな道具を提供した。また，体も道具として使えるということを指示した。

　「平均台でボールを突きながら歩くと，ハラハラするね」など，道具ひとつで動きが変化するおもしろさを味わうことができた。

第4時 「リズミカルに動く」力を高める運動

教具：竹竿

1　提示
・曲に合わせてリズミカルに竹竿を跳ぶ（「いるかはざんぶらこ」などの昔遊び）

2　支援
・声を出す

　リズム感が必要不可欠であり，少しでもリズムをくずすと，竹竿と体がばらばらの動きになってしまう。そこで，リズムの合うような声を出させ，音（リズム）の中で自分の体をコントロールできるように指示した。声を出さずに活動していたときは，すぐにリズムがくずれていたが，声を出し，自分で拍子をつけながら体を動かすことで，リズミカルな動きができ，一曲終えるころには，「できた！」「なんとなく感覚がつかめた！」などと歓喜の声が上がった。

> よりスリルが高まると，体を動かすおもしろさをより味わうことができる。

3　創作
「リズミカルに動く力を高める運動を自由に考えてみよう」

4　支援
・「いつの間にかできた！」という遊びのおもしろさを感じさせる発問

　これまでの学習経験からか，「いるかはざんぶらこ」をしていると同時に，赤白の旗揚げを行うといった高度な動きを考え出したグループがあった。
　これまで気持ちよく動いていた体が，リズムを

（遊びを思考する）

（リズムがくずされる！でも，それがおもしろい！）

くずされることによって,体の動きが変化するという状況を楽しんでいた。学習を重ねるごとに,動きをくずすことを自然と楽しむようになってきた。

それは,「遊び」の方法を学んでいるということでもある。

子どもたちが必死に遊んでいる最中に,「もう一度,『いるかはざんぶらこ』をやってみよう」と声をかけると,はじめはあんなに難しかったリズムが,簡単にできるようになった子が多数いた。

わざと体を不安定な状態にして遊びを楽しむ（つくり出す）ことで,気づけば,その動き本来の特性を身に付けていたのである。不自由な状態から解放された瞬間に,リズミカルな動きがスムーズにできるという達成感を味わうことができた。

第6・7時 ワークショップで動きを共有する活動

こんな動きを入れた工場にしたら,みんなが楽しんでくれるんじゃないかな

この工場では,こんなおもしろさを味わうことができます

いよいよ単元の最終ゴール「ワークショップ」の始まりとなった。

1 創作

「オリジナルの体力工場をつくって,みんなで共有しよう」

2 支援

・ワークショップを教える

ワークショップ形式で学習を展開することで,「遊びつくりのおもしろさ」を無我夢中になって感じさせることをねらいとした。

「これまでのいろいろな動きの感覚を,お店屋さんになったつもりで紹介していくよ」と提示した。どうしたら客が楽しんでくれるか,と相手意識をもって考え,より魅力的な場を思考していた。

	実際にワークショップが始まると，友だちがつくった場で遊ぶことで，コミュニケーションも増えた。そうすることで，いままで気づくことのなかったコツや動きの感じ方が広がっていった。

7．授業を振り返って

　この学習では，子どもたちが，「友だち同士で運動を楽しむことができる」ということを体験できた。体育を苦手とする子どもが「楽しかった」と表現し，私自身も「学びの成果」を実感できた。

　この学習から学んだことを，3点に絞ってみた。

○「できる／できない」にこだわらない学習

　運動のもつおもしろさを味わわせるため，教具や場，学習方法などを工夫した。「おもしろい！」と思える動きを追求していくことを，たえず子どもたちに意識させた。「運動ができる」ことを目的とするのではなく，自らが感じた動きの「気づき」を表現する学習を展開したので，個々が自分の体との対話を楽しむことができた。

○遊びつくりのおもしろさを追求した学習

　この領域の運動は，トレーニング化された学習に陥ってしまう危険がある。そこで，創作した運動を互いに体験するワークショップ型の授業を展開し，子どもたちの自由な発想で遊びをつくらせた。できそうでできない動きをつくりあげたことで，不安定な動きのある運動のおもしろさを感じることができた。また，友だちとの運動の交流は，動きのおもしろさを共有するのに最適な手段となった。「相手を喜ばせたい」という一心でつくり出した動きを，互いに評価し合うことで，よりおもしろい動きや場を思考することができた。

○子どもたち自身がオリジナルに運動をプログラムする学習

　単元名を「体力工場」とし，自らの体力を向上させていくための「動き」のおもしろさをつくり出していく学習展開を進めた。自分に合った場を選択し，自分で運動をプログラムしていくことで，主体的に学習を行うことにつながった。主体的に自己の体力に応じた場を選ぶことで，体力をバランスよく身に付ける大切さに気づくことができた。

（和田洋一）

実践例11 〔高学年②〕

"The「タクミ」world"
（巧みな動きを高めるための運動）

1．探求したい動きのおもしろさ

●人や物（ボール，ロープ）の動きに対応して，タイミングよく動けるか，バランスをとって動けるか，リズミカルに動けるか，力を調整して動けるか，の四つのスリリングな感覚の世界がおもしろい。

2．動きのおもしろさを「感じる」工夫

　自己の中で「こういう動きをしたい」とイメージすることと，実際に身体を動かしてやってみることとの間には，感覚的なズレを生じることが多々ある。人や物（ボール，ロープ）を通して，互いの感覚的なズレ（失敗体験）を共有することがおもしろいと捉え，人や物とかかわり合う活動から巧みな動きを探求していくおもしろい世界へのきっかけづくりを試みる。【過】

3．学びでの「気づき」の工夫

①グループ内やグループ間で巧みな動きの交流をはかることで，新たな動きやその動き方を発見し，自己やグループでの巧みな動きを振り返るきっかけにする。そして，かかわり合って動きを探求していく過程で，動きの巧みさへの「気づき」を促していく。【過】【形】

②実際に動いてみた感じを振り返ることによって，「次はこうしてみよう」とする「気づき」が生まれてくる。そこで，学習カードにマインドマップ*を活用し，自己の学びを「感じる」ことから「気づき」への広がりとして捉えさせていく。【評】

　　＊マインドマップ…トニー・ブザンによって発明され，ビル・ゲイツやアル・ゴアをはじめ，グローバル企業のビジネスパーソン，各界のリーダーが使っている革命的思考ツールとして，近年注目を浴びている。マインドマップは脳の中で次から次へと展開する思考をそのまま紙に描く視覚的なノートである。本単元では，中心に学びのテーマをおき，そこから枝分かれさせながらテーマについての「感じ」や「気づき」を放射状に広げていくことでテーマについてもっと深く探求していくことをねらっていくこととした。

4．学びを見取るための視点（評価規準）

		無意識・・・・・・・・・・・（気づき）・・・・・・・・・・・意識		
	|「気づき」 「感じ」| 動きのおもしろさへの気づき	動きの出来事への気づき	動きを工夫するための気づき
違和感	人や物とのかかわり合いが不安定な感じ	人や物にうまく働きかけたり，働きかけられたりすることができないが，そのこと自体を楽しんでいる。	巧みに動くおもしろさに気づき，安定した場を生み出そうと試みている。	巧みな動きを試行錯誤し振り返る中で，「安定／不安定」の均衡を保とうとして課題を設定して楽しんでいる。
（感じ）	人や物とのかかわり合いが安定した感じ	人や物とのかかわり合いが安定し，その動きを繰り返し楽しんでいる（快感覚にふれている）。	不安定なかかわり合いを安定させる術に気づき，安定した場を生み出そうとしている。	課題を難しくして動きの「安定／不安定」の均衡を保とうと工夫し，おもしろさにふれている。
一体感	人や物とのかかわり合いが安定したり，不安定になったりする感じ	動きを安定させようとして「できるか／できないか」という動きのおもしろさを味わっている。	動きの「安定／不安定」の狭間で，巧みな動きをくずす条件に気づき，それを生かそうとしている。	課題の困難性を保ちながら，技能の向上とともに，行い方を工夫し，仲間と協働して運動している。

5．単元の流れと実際

第1時・第2時	第3時・第4時	第5時・第6時
巧みな動き（タイミング・バランス・リズミカル・力の調整）を高めていくことの大切さに気づかせる。	グループ内で，四つのスリリングな感覚に迫る，こだわりの「タクミ」worldをつくっていくことを意識させていく。	グループ間での交流をはかり，自分のグループとは違う「タクミ」worldにふれて，巧みな動きを広げ，深めていく。
自己と物とかかわり合う世界を体験しよう（感覚体験の世界） ⇔	グループ内の世界（私たちの"巧み"の世界づくり） ⇔	グループ間の世界（私たちの"巧み"の世界の広がり・深まり）
"Ball World" ボールを使った巧みな動きを見つけよう	"Ball World" ボールを使った巧みな動きをつくろう	"Ball / Rope World" ボールやロープを使った巧みな動きを広げよう

| 手拍子を入れる | 背面キャッチ | 地面にタッチしてから捕球 | 円になって,ボールを同時にパス | 跳びながらボールをキャッチ |

"Rope World"
ロープを使った巧みな動きを見つけよう

"Rope World"
ロープを使った巧みな動きをつくろう

8の字跳び

長縄・短縄を組み合わせ,1人で跳ぶ

2人でキャッチボール

ボールを投げ上げ捕球

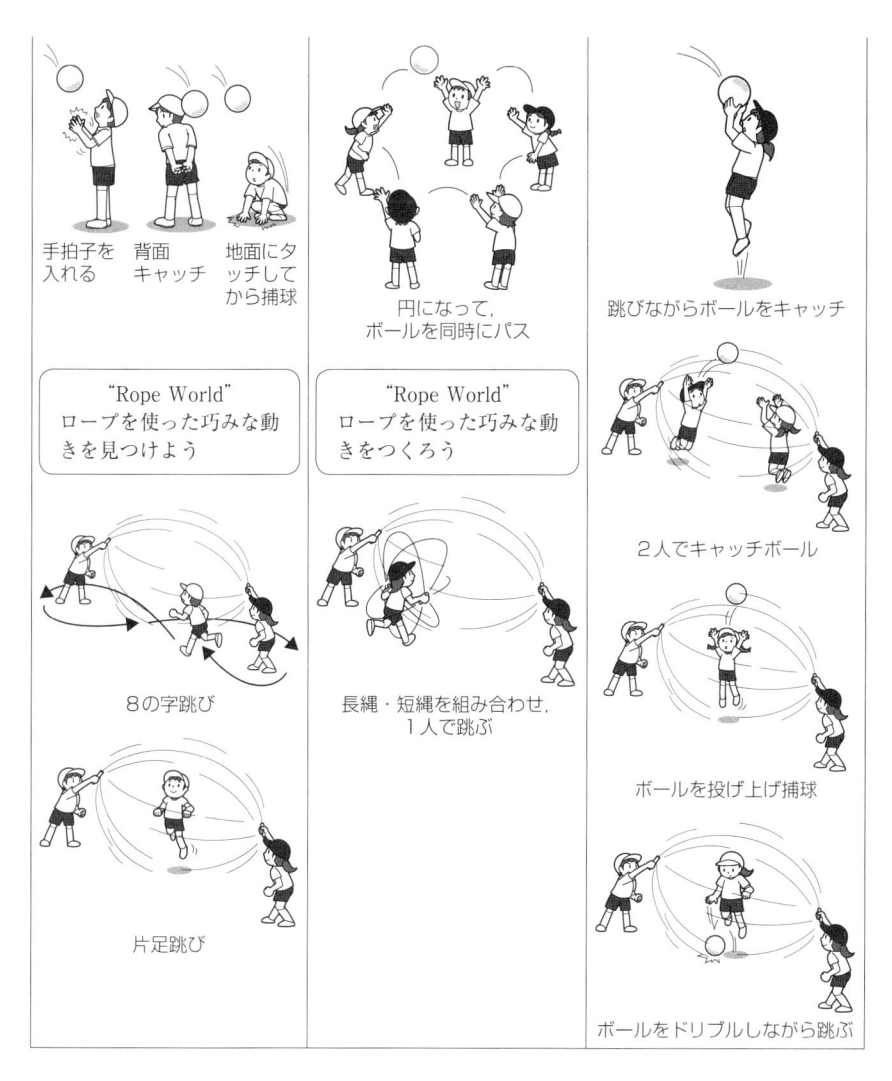

片足跳び

ボールをドリブルしながら跳ぶ

6．学びのあしあと

[第1・2時]

　巧みな動きを高める運動に入るにあたって,「巧み」って何だろうという発問から子どもたちと考えていった。子どもたちからは,「上手に」「すばやく」等の言葉が返ってきた。たしかに辞書には「上手。技巧。手際がよいこと。できの良いこと」とい

った意味が示されている。この単元では,「ある目的（運動）を達成するために,より効率的に（むだのない）動ける"賢い体"をつくっていこう」と投げかけた。また子どもたちの実態から,運動や遊びの中で,自分がイメージした動きと実際に動いてみた動きとのズレ（差異）を想起させ,そのズレ（差異）が,タイミングなのか,バランスなのか,リズムなのか,または,力の調整なのか,この四つの観点から,そのズレ（差異）に迫っていくプロセスを大切にしていくように意識させた。

"Ball World"の「ボールを使った巧みな動きを見つけよう」では,教師がボールを投げ上げ捕球する動き（手拍子を入れてから捕球,地面にタッチしてから捕球）を提示すると,子どもたちは「そんなのできるよ」とボールを持って,それぞれに教師が提示したものをなぞっていった。しだいに「もっとこうしてみよう」という動きが出てきた。回転して捕球する動きや背面で捕球するといった動きを通して,自己とボールとのかかわり合いをさらに探求していった。さらには,ペアをつくって向き合い,スローイング＆キャッチを繰り返す子たちが出てきた。直線的なボールの軌道,山なりのボールの軌道,またはその組み合わせ,バウンドパス,ステップしながらのパスなど,動きの工夫が見られるようになった。また,4人組や5人組をつくって,同時にパス＆キャッチを行う子たちが見られるようになった。

子どもたちは,特にタイミングや力の調整を意識していた。投げ上げたボールを自分で捕球するため,自分自身でタイミングをはかりながら,投げ上げる高さを調整しようとしていた。回転して捕球しようとしていた子は,自己の身体のバランスも意識していた。さらには,複数の仲間とのかかわり合いの中で動こうと活動を広げている子たちにとっては,タイミングや力の調整をより意識していた様相が見られた。タイミングがズレることのほうが多かったが,むしろイメージどおりにはいかないことを楽しみながら,徐々に声をかけ合うようになり,呼吸を合わせようとしていた。後半に,連続した動きとなり,少しリズムの兆しが現れた。

"Rope World"の「ロープを使った巧みな動きを見つけよう」では,全体的に「8の字跳び」から入る子たちが多かった。しだいに回転する縄の中に入ったままの状態になり,片足跳びやステップを速める,縄に入る向きを変えるなどの動きの工夫が見られた。さらに後半,ボールと組み合わせた動きを提示することによって,回転する縄の中でのキャッチボールやドリブル,投げ上げたボールの捕球などを試してみる子が増えてきた。また,長縄と短縄の組み合わせに挑戦する子も見られるようになった。

組み合わせの活動では1回できることに喜びを感じていて,例えば,回転している

縄に入って跳びながらボールを投げ上げ，1回でもキャッチできると大きな歓声が上がった。最初は，タイミングを意識するウェイトが大きかった。回す人と跳ぶ人のタイミングのズレも生じていた。次に，バランスや力の調整に意識が向いていた。慣れてくると，連続した動きとなり，リズムをとれるようになることに喜びを感じている様相が見られた。

　全体としては，四つの観点を追求したり模索したりして楽しむ段階であったといえる。

[第3・4時]

　単元の中盤では，「自分たちならではの"Ball World"/"Rope World"をつくろう」と投げかけ，より探求したい動きのおもしろさ（人や物の動きに対応してタイミングよく動けるか，バランスをとって動けるか，リズミカルに動けるか，力を調整して動けるか，の四つのスリリングな感覚の世界）に迫ることとした。

　"Ball World"での子どもたちの探求する動きは，大きく二つの方向に分かれた。一つは，グループで円陣をつくり，同時にパス&キャッチである。円陣パスでは，大きな円から始めるが，タイミングや力の調整がうまくいかず，小さな円から始めるようになる。そこで声をかけ合い，タイミングを合わせようとしていた。連続してパス&キャッチができるようになると，リズムが生まれ，さらに少しずつ円を広げ，課題を難しくしようとしていた。さらには，バウンドパスをしたり，足でボールを操作（キック）したり，ボールを真上に投げ上げ，人が移動するといった動きの広がりも見られた。もう一つは，ボールを等間隔に置き，その間を縫うようにドリブルで走り抜ける動きも見られた。このドリブルに関しても，イメージどおりに自分にボールが返ってこないことが多く，連続してできるように，リズムやバランスを感じようとしている様相が見られた。

　"Rope World"では，前時に引き続き，ボールとの組み合わせの動きを探求していった。大縄の外にいる仲間と中に入って跳んでいる子とのキャッチボールや，2人が同時に中に入ってのキャッチボールが多く見られた。また，短縄との組み合わせで，短縄の前回し，後ろ回しのほかに二重跳びにも挑戦するようになった。さらに長縄の組み合わせとして，「ダブルタッチ」にも挑戦するグループも一部見られた。子ど

もたちの意識は，課題を難しくする一方で，1回の成功では飽きたらず，連続してできるようになることにこだわるようになってきた。リズムを生み出すために，タイミングやバランス，力の調整を駆使しようとしている様相が見られた。いわば，リズムのためのタイミング，バランス，力の調整への「気づき」である。

自分たちのこだわった動きに納得してくると，他のグループの様子を見たり，まねをしてみようとしたりするグループも見られるようになった。

[第5・6時]

単元の終盤では，グループ間での交流をはかり，自分のグループとは違う"「タクミ」world"にふれて，巧みな動きを広げ，深めていくこととした。単元中盤で，他のグループの活動にも関心をもちはじめた子どもたちにとって，さらに「巧みな動き」の世界を広げる契機になると捉えた。

同じような動きをつくっているグループもあったが，いままでと違う仲間と共に行うことで，再度リズムがくずれ，タイミングやバランス，力の調整を意識するようになった。この段階では，特にリズム自体を調整しようとしていたと考えられる。同時に，そのリズムのズレ（差異）を楽しんでいた様相が見られた。

7．授業を振り返って

全6時間の授業の内容を構成するにあたり，子どもたちからどのような動きが生まれるのか，または教師が子どもたちからどのような動きを引き出していきたいのかを知識としてもっていなければならないと考え，動きの分析表"Wheel"（Grahamら，2008）を参考にした（31～32ページ「ちょっと一息」参照）。

"Wheel"は，「技能のテーマ」と「動きのコンセプト」とに大きく分かれる。「技能のテーマ」は動詞に類似している。例えば，歩く，走る，転がる，ジャンプ，投げる，捕る，などの動きの言葉があげられる。一方，「動きのコンセプト」は，副詞に類似しており，どのように動きが遂行されるかという言葉に相当する。

これは，多様な動きを引き出していく手がかりになると同時に，対照的な動き（すばやく○○する，ゆっくり○○するなど）を教師がデザインすることで，巧みな動きに気づかせるためのきっかけづくりとしても役立てることができた。

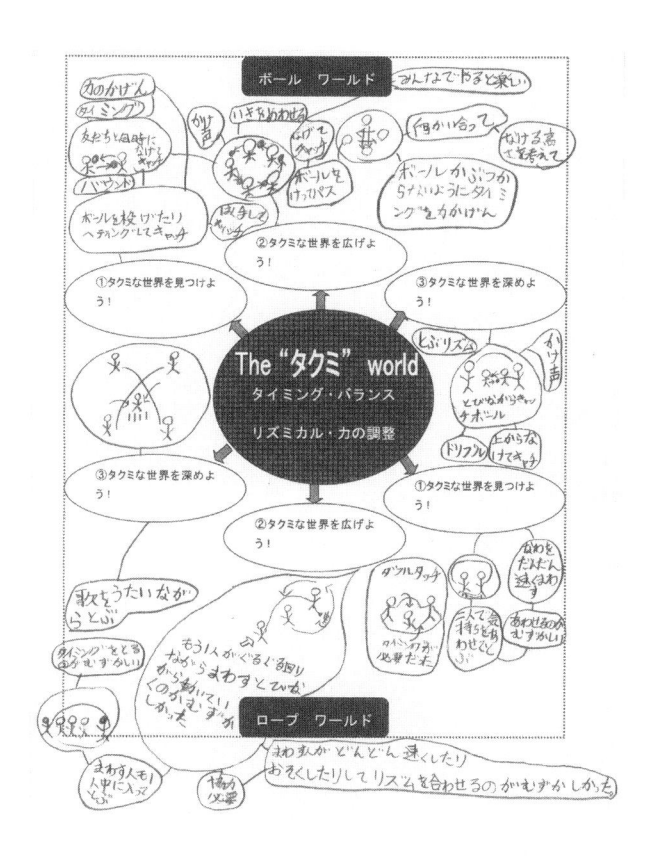

また，授業の展開を構成するにあたり，振り返る場を保障することにも努めた。運動しながら仲間とともに振り返る（試行錯誤する）場や運動後にじっくり振り返る（マインドマップを活用した学習カードに記入する）場である。このとき，教師も子どもたちと共に振り返ることが重要であることをあらためて感じた。教師は子どもたちと振り返り，自己を見つめ直すことで，新たに確かな一歩を踏み出すことができる。やみくもに一歩を踏み出すことがないように，教師は子どもたちに学ばせたい内容をしっかりと構成し，子どもたちと探求する方向を共に確かめていくことが必要となる。

（寺坂民明）

〈参考文献〉
Graham, G. Holt/Hale, S. Parker, M（2008）Children Moving A Reflective Approach to Teaching Physical Education Eighth Edition McGraw Hill.

実践例12　〔高学年③〕

"グラグラ ハラハラ Gボール"
（巧みな動きを高めるための運動）

1．探求したい動きのおもしろさ

- 不自由な状況で，体を巧みに動かせたり動かせなかったりすることがおもしろい。
- 自分で工夫した場で，できたりできなかったりすることに挑戦することが，ハラハラドキドキしておもしろい。

2．動きのおもしろさを「感じる」工夫

　子どもは「できるか／できないか」という狭間の状況に挑戦することにおもしろさを感じる。不自由な状況で安定を求め，バランスをとることの必然性を生み，動きの「感じ」のおもしろさにふれやすくする。そこで，Gボールを使うことで課題を空間へつなげ，体全体でのバランスをとる「感じ」のおもしろさにふれることが可能になる。【過】【教】【具】

3．学びでの「気づき」の工夫

　子どもの発想を生かしながら，ワークショップ形式の学習過程を活用することで，動きの「感じ」のおもしろさを共有し，動きへの「気づき」を促す。【過】

4．学びを見取るための視点（評価規準）

		無意識・・・・・・・・・（気づき）・・・・・・・・・意識		
	「気づき」「感じ」	動きのおもしろさへの気づき	動きの出来事への気づき	動きを工夫するための気づき
違和感	身体が不安定な感じ	バランスをうまくとることができないが，バランスをくずす感じを楽しんでいる。	バランスをとるおもしろさに気づき，安定した場を生み出そうと試している。	課題を易しくして，動きの「安定／不安定」の均衡を保とうと工夫し，おもしろさにふれている。
（感じ）	身体が安定した感じ	バランスが安定しているが，その動きをすることを繰り返し楽しんでいる。	バランスくずしのおもしろさに気づき，不安定な場を生み出そうと試みている。	課題を難しくして，動きの「安定／不安定」の均衡を保とうと工夫し，おもしろさにふれている。
一体感	身体が安定したり，不安定になったりする感じ	バランスを安定させようとして「できるか／できないか」という動きのおもしろさを味わっている。	バランスの「安定／不安定」の狭間で，バランスくずしの条件に気づき，それを生かそうとしている。	課題の困難性を保ちながら，技能の向上とともに，行い方を工夫し，仲間と協働して運動することのおもしろい世界にふれている。

5．単元の流れと実際

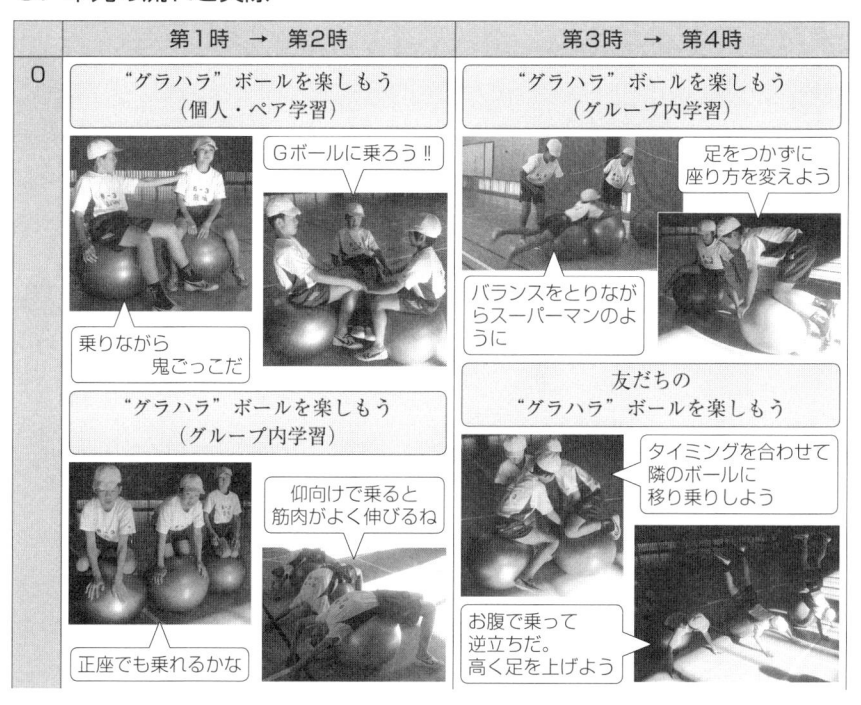

	第1時 → 第2時	第3時 → 第4時
O	"グラハラ"ボールを楽しもう（個人・ペア学習） Gボールに乗ろう!! 乗りながら鬼ごっこだ "グラハラ"ボールを楽しもう（グループ内学習） 仰向けで乗ると筋肉がよく伸びるね 正座でも乗れるかな	"グラハラ"ボールを楽しもう（グループ内学習） 足をつかずに座り方を変えよう バランスをとりながらスーパーマンのように 友だちの"グラハラ"ボールを楽しもう タイミングを合わせて隣のボールに移り乗りしよう お腹で乗って逆立ちだ。高く足を上げよう

| 友だちの"グラハラ"ボールを楽しもう（ワークショップ形式） | みんなで"グラハラ"ワールドを楽しもう |

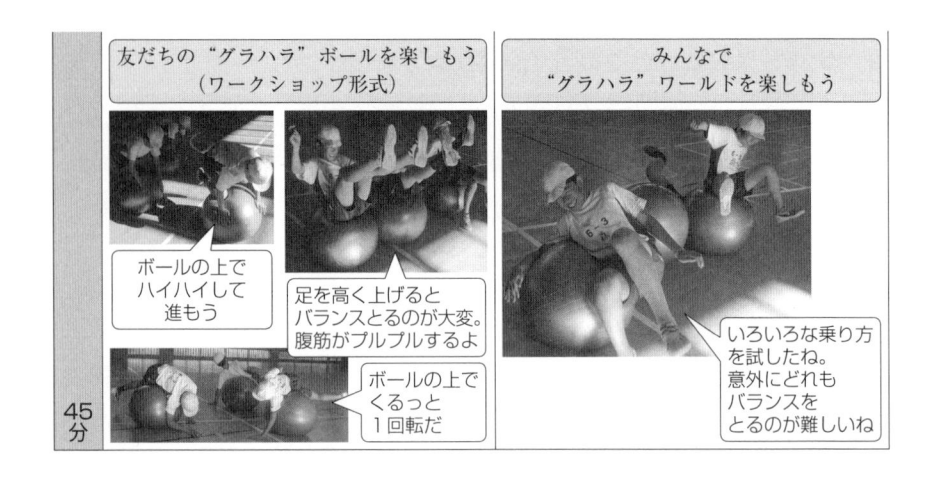

ボールの上でハイハイして進もう

足を高く上げるとバランスとるのが大変。腹筋がプルプルするよ

ボールの上でくるっと1回転だ

いろいろな乗り方を試したね。意外にどれもバランスをとるのが難しいね

45分

6．学びのあしあと

[第1時]

　準備運動でGボールに乗ってリズム体操を行った。その後,「Gボールに乗ろう」ということを投げかけた。まず,一斉に足を上げてバランスをとっていた。足を上げるのが難しいと感じた子どもは,隣の子につかまってバランスをとろうとしていた。また,はじめから長い時間Gボールに乗っていた子どもは,何人かで手をつないで円くなり,バランスをとりはじめた。すると,ある子どもがGボールでピョンピョン跳ねはじめた。それを見たまわりの子どもは動きをまねしはじめて,Gボールに乗りながら鬼ごっこをした。

　一度集合させ,足を上げる動きと跳ねる動きが出てきたことをみんなで確認し,「乗るというのは,お尻で乗るだけ？　さぁ,考えてGボールに乗ってみよう」と投げかけた。そこから,たくさんの動きが出てきた。正座で乗り,長い時間乗ることができるか試している子,仰向けでストレッチをして,ボールと一体感を味わっている子,ボールの上で四つんばいでバランスをとっている子,さらに,バランスをとっているうちにハイハイ状態で進み,どれだけ進むかを楽しんでいる子などである。

　最後に,どんな活動が出てきたのかを発表し,ワークショップを行った。しかし,初回ということもあり,Gボールに触れる時間を多くとったため,ワークショップ後に再び個・ペア学習を行う時間がなかった。

　Gボールに乗るといっても,いろいろな発想をもとに乗り方の工夫ができるという

ことを学んでいた。そして，自分なりにできないこととできることを認識することで，チャレンジしたい乗り方に見通しがもてたようだ。

[第2時]

　子どもたちは，前時の学習の続きで，個人やペアで自分がやってみたいGボールの乗り方を工夫しながら試していた。何秒乗っていられるか，どのくらい乗って進めたかなど，自分の目標を自分で決めて取り組んでいた。足を上げるのでも，曲げた状態よりも，伸ばして高く上げると重心をとるのが難しいらしく，より難しい動きへと自然と変化していった。その際，「バランス」という言葉を子どもから発しているのが印象的だった。足を上げて乗る動きは単純な動きのように見えるが，少しの動きの工夫で不安定さを楽しめる，わかりやすい活動だったようである。

　教師は，前半では子どものおもしろい発想をほめながら，活動に参加した。子どもたちの場がチャレンジする場となっており盛り上がっていたので，ほめることを中心に支援した。

　後半は，どんな動きをつくっていきたいかを話し合った。Gボールの楽しさとして子どもからあがったものは，「"ハラハラ"感（不安定を生かしたスリル感）を出したい」と「"グラグラ"感（不安定感をじっくり）を味わいたい」という，大きく分けて二つのものだった。どちらが自分の動きづくりのイメージに近いかを考えさせ，グループ分けをしていった。"ハラハラ"グループでは，ボールの上で体を伸ばして乗り，くるっと１回転する動きが出てきた。バランスをとりながら，体をすばやく動かさなくてはいけないので，タイミングとバランスに焦点を当てたようであった。ボールをいくつか並べて，その上をスーパーマンのように動いていく動きも出てきた。ボールの上で体を伸ばし続けなければ，きれいに乗り続けることができないようで，難しかったようだった。"グラグラ"グループでは，まずは正座でバランスをとり，そこからGボールをはずませてすばやく尻で座る体勢になり，足を上げてバランスをとる動きを考えていた。また，大人数で手をつないで円くなり，仲間を感じながらバランスをとる乗り方も楽しんでいた。

[第3時]

　グループでのおもしろい動きを考えながらの活動から始まった。子どもたちは，いままでの動きにプラスして，直感を頼りにどんどん動きを変化させていった。"グラグラ"チームは複数で円になり，Gボールに乗って同時にバランスをとっていたグループは，座り方が尻で乗る乗り方から正座へと変化した。その後，その状態から仲間

とタイミングを合わせて隣のボールに移るという動きになった。"ハラハラ"チームは、ボールに乗るというよりは、不安定なボールの特徴を使って、その不安定な場にどう自分がかかわっていくかを追求していったようである。ボールに腹をつけて手をつき、弾力を利用して逆立ちをしていく。跳ね返りを上手に使うと、腕支持の時間が長くなり、足が高く上がる。その後、一列に並び、順々に腕支持をしていくシンクロ運動を行っていった。

[第4時（最終）]

　Gボールに乗る最後の時間ということで、ワークショップの時間を多く設けた。その動きがどんな"ハラハラドキドキ"の運動なのかを共有することで、また違った感じを味わっていた。また、自グループに戻った際、特色を出そうと試行錯誤する姿も見られた。子どもたちはGボール乗りを試しながら、楽しみつつ自分の体と向き合い、不安定さが生み出すバランス空間を創造していった。

7．授業を振り返って

　今回の学習において、大切にしていかなければいけないのが、ねらいと味わわせていきたい「感じ」を教師自身が明確にもっていること、そのイメージをもって授業をスタートさせていくことであった。そして、そのイメージは多岐にわたるもので、ある程度柔軟性をもつものであることを、この授業を通して感じた。

　子どもたちの感覚づくりや動きづくりにおける発想は、4時間の授業では出しきれないほどであった。テーマを追求する学習での教師の姿は、子どもが考えるもの全てにOKサインを出すことではない。教師の役割は、子どもの発想を称賛し、その活動を評価し発展させていくことである。また、そこで感じた「感じ」を「気づき」へと支援することである。そこでの視点は全て、学習スタート時に教師がもっている「感じ」のイメージによるものなのである。

　授業での子どもたちは、Gボールがもつ不安定さを味わうことで繰り返し活動を行ったり、さらにおもしろさを追求するために動き方や活動の場を変化させたりしながら学習に参加していった。

　この学習のよさは、①活動に自ら変化をもたせることで自分の体に向き合い、おもしろさに気づくことができる、②活動の場に変化を与えることで多様なおもしろさを追求し感じることができる、③みんなで試行錯誤しながら活動をつくり上げることで、そこにあるおもしろさや「感じ」を追求し共有することができることである。そのよ

さを感じさせるためには，教師自身が子どもや動きを見取る目をもっていることが大切だと思う。

(早津美香)

ちょっと一息

「4 Part Lesson Plan」とは？

「4 Part Lesson Plan」とは，バランスのとれた身体活動を通して調和のとれた「全人教育」を実践するための授業モデルとして，ペングレイジー博士によって提唱された授業モデルです。「4 Part Lesson Plan」はその名のとおり，「導入」「フィットネス」「フォーカス」「ゲーム」といった四つのパートと流れから成立している授業モデルです。

まず，「導入」では児童の心と体を解きほぐし，活動のための準備として児童の学び方を確認します。この「導入」は2〜3分にとどめ，授業へのスムーズな移行を促すことが重要です。次の「フィットネス」では健康関連体力として3S (Stamina：持続力，Strength：筋力，Stretch：柔軟性) を中心に指導を行います。この「フィットネス」では，生涯にわたる身体活動を促進するための実践可能で多様な運動を経験させることが求められます。そして「フォーカス」では，さまざまな身体活動に必要とされる技能を教えていきます。ここでは，それぞれの児童が目標を達成できるような学習経験を用意することが重要です。最後の「ゲーム」では，児童が楽しく思いきり活動して授業を締めくくれるような場面を設定します。このゲームでは「人よりも勝る」という「競争」ではなく，「共に高め合う」という「共創」を念頭に置いた単純で活動的なゲームを行うことが重要でしょう。

「4 Part Lesson Plan」では以上の流れを通して，運動に対する積極的な態度を形成し，体力，運動技能，思考・判断を向上させ，開放的に身体的充実感を感じさせることで，生涯にわたる「身体活動実践者」への育成を目指します。

しかし，実際には，教師の高い指導性が発揮され，質の高い授業実践が行われることなしに，これは実現されないでしょう。「4 Part Lesson Plan」の質の高さを保障するためには，教師自身の反省的思考が重要となります。

(松本大輔)

実践例13 〔高学年④〕

"じぶんをワッショイ みんなをワッショイ"
（力強い動き及び動きを持続する能力を高めるための運動）

１．探求したい動きのおもしろさ（力強い動きを高めるための運動）

- 自分の体を引き上げていく感じやその場でとどまる感じがおもしろい。
- スムーズに進んでいく感じがおもしろい。
- 複雑な動きや進みにくい動きで移動していく感じがおもしろい。

２．動きのおもしろさを「感じる」工夫

①**なるべくシンプルな場面設定**
　「競争」や「ゲーム性」を取り入れないシンプルな条件設定や場面設定を行うことを心がけた。そうすることで，動きの「感じ」そのものを探求できると考えたからである。単元のテーマは，「自分や友だちの力を使って移動する」である。前半に扱った「登り棒」や「ろく木」は，自分の力で自分を引き上げたり，とどまったりする感じが味わえるシンプルな題材である。そこから「動き」が変化する過程でおもしろさを感じられるのではないかと考えた。【形】

②**「動き」に名前をつける**
　後半に取り組む「"友だち運び"をしよう」では，自分たちが考えた動きに「名前をつける」活動を行う。そうすることで，自分たちの動きに価値や意味を感じることができると考えた。また，もっとおもしろい動きを工夫しようという動機づけにもなる。さらに「動き」を友だちと共有する際の共通言語になり，「動きの感じ」が「共感」しやすいと考えた。【過】【支】

３．学びでの「気づき」の工夫

①教師が活動へ参加することで動きの「感じ」を共感し「気づき」を促す問いかけを行うことを意識した。手立てとして，既存の動き（おんぶなど）を取り上げることで，子どもたちの工夫に結びつくように考えた。手の使い方，足の使い方が異なれ

ば，動きの「感じ」も異なり，運ばれるほう，運ぶほうにとっても「感じ」が違ってくる。教師が小さな動きを取り上げることで「気づき」へ変わる橋渡しができればと考えた。【声】【支】

②授業のまとめとして，「一番おもしろかった感じ」をそれぞれが振り返り，最後に動いてまとめるという方法を用いた。活動を内観し，表現するという流れは，子どもにとって自然な振り返りの方法だと考えている。その時，その場でしかできない振り返りの方法として大切にしたい。【他】

4．学びを見取るための視点（評価規準）（力強い動きを高める運動）

	無意識・・・・・・・・・・（気づき）・・・・・・・・・・意識			
	「気づき」「感じ」	動きのおもしろさへの[出会い]	動きのおもしろさへの[気づき]	動きをおもしろくするための[工夫]
易しい・・・	いままでにやったことのある動きの感じ	自分なりの登り方やこれまでに経験のある動きの感じで繰り返し，楽しんでいる。	これまでに経験のある動きで，スムーズに登ったり運んだりするおもしろさに気づき，楽しんでいる。	これまでに経験のある動きで，よりスムーズに登ったり運んだりするための工夫をして楽しんでいる。
	新しい動きが加わり変化した動きの感じ	他者の動きを見たり試したりすることで，多様な方法を知り，自分の動きを変化させることで楽しんでいる。	多様な動きのおもしろさに気づき，動きをより変化させることで楽しんでいる。	多様な動きのおもしろさにふれるために意図的な工夫を行い，楽しんでいる。
・・・難しい	経験のない，新しい動きの感じ	これまでに経験したことのない登りにくい方法や難しい動きに挑戦することで楽しんでいる。	複雑な難しい方法で進む感じのおもしろさに気づき，動きをより変化させ試すことで楽しんでいる。	動きが複雑になるように意図的に工夫し，進みにくい感じや新しい動きのおもしろさにふれている。

心拍数を数えよう

2人で1人を運ぼう

5．単元の流れと実際

	第1時（力強い動き）	第2時（組み合わせ）	第3〜5時（組み合わせ）
15分	**自分の体を引き上げてみよう** ・登り棒を使ってやってみよう ・ろく木を使ってやってみよう	気持ちよく5分間持久走をしよう	
		・心拍数を計ろう	・ややきついペースで走ろう
30分		**自分の体を引き上げてみよう** ・登り棒やろく木を使おう	**友だち運びをしよう** ・1人で→2人で→3人で…
	動きを広げよう ・みんなで挑戦しよう	**動きを広げよう** ・みんなで挑戦しよう	動きに「名前」をつけよう
45分			**動きを広げよう** ・みんなで挑戦しよう

6．学びのあしあと

[第1時]

　テーマを「自分の体を自分の力で引き上げる」と提示し，「登り棒」と「ろく木」の2グループに分かれて，活動を進めた。

　「登り棒」では，ほとんどの子が高いところまで登ることにおもしろさを感じ，どんどん取り組みはじめた。「高いところに登る」という動きそのものに夢中になり，なかなか活動が飽和することはなかった。一方，「ろく木」から始めた子どもたちは，登ることにすぐに飽和したようで，さまざまな登り方を工夫する姿が見られた。しかし，何をどうしたらよいのかわからない子も見られた。そこで，教師は一緒に活動に取り組み，手や足の細かい使い方に対して「こうなっているんだ」「難しいね」などと動きに「意味づけ」や「価値づけ」を行うことを意識した。子どもたちもどんど

足を上げることもできるよ。
高く上げるのは難しいよ

どんなことができるかお試し中

ん動きが変化し，多様な動きが見られるようになった。最終的に「とどまり方」に関心が向かい，登った後でどんなポーズ（姿勢）がとれるか，という活動がメインになった。また，「登り棒」では，登るということに飽和すると「隣の棒に渡っていく動き」や「同時に何人でつかまれるか」という工夫に発展した。後半は，互いに動きを紹介し合ったが，友だちの動きへの関心が高く，よく聞き合っていた。また，発表したい子が

「2人同時に登れたよ」

大勢いたため，何人かは次回に発表することになった。最後は，自分がいちばん「引き上げる感じ」を味わえた動きを行うことで，まとめを行った。

[第2時]

この日から，単元の中に「持久走」を組み合わせて扱った。前半の「持久走」は「心拍数の測定→5分間走→走った後の感じと心拍数の測定」という流れで行った。この日は説明に時間がかかり，後半の活動への移行が遅れた。ほとんどの子どもたちは，持久走に対して「疲れる，苦しい」などのマイナスイメージをもっている。そこで「なぜ苦しいのか」という問いかけ

「少し疲れたな」という感じで終われるかな？

を行いながら，苦しいのは「自分で」ペースを上げているからだ，ということを確認した。また，走後に心拍数を測定することで，「体はどのように変化しているのか」を調べるという課題も伝えた。

まず，平常時の心拍数を測定後，走後に「やや疲れたなあ」という感じになるように走る活動を行った。「同じペースで」というテーマが浸透したのか，むやみに速さを変える子や歩き出す子はいなかった。走後はどの子も「やや疲れた」か「楽だった」という感想を話していた。

後半は，体育館で前時の続きの「登り棒」と「ろく木」に取り組んだ。前時は，動きを広めきれずに終わったので，今回はなるべく発表する時間を多く確保するように設定した。しかし，前時ほどの盛り上がりはなかった。その時間の課題は，その時間内に消化する

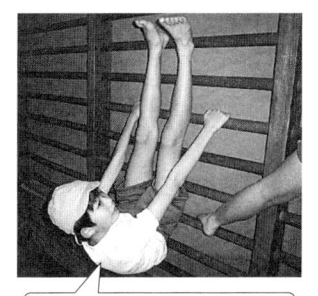

「オリジナルのポーズだよ」

ほうがよいことを痛感した。それでもたくさんの動きが発表された。そこでは「○○式」など名前をつけて発表するスタイルが定着した。最後は自分が気に入った動きに挑戦する時間をとった。そこでは，自分がやったことのない新しい動きに人気が集まった。

[第3〜5時]

持久走については，2回，3回と回を重ねるごとにマネジメントにかける時間も短縮され，後半の「力強い動きを高める運動」の時間を確保することができた。走後は自然に心拍数を調べる動作を行うなど，自分の「走後の感じ」と「心拍数の変化」をすり合わせている姿が見られた。

後半は体育館へ移動し，「友だちを運ぶ」ということをテーマに取り組んだ。まず条件を「1人が1人を運ぶ」と提示した。活動を始めてすぐに既存の動きとしての「おんぶ」や「だっこ」が出てきた。全員が，おんぶなどをやり終えるころには，動きに工夫を加える子が出はじめた。腕の使い方，足の抱え方など細かい部分ではあるが，教師が見取り，取り上げることで動きが広がったように感じる。しかし「1人が1人を」という条件では，動きの幅が狭いことや，重い子は運んでもらえない，軽い子はいつも運ばれ役といった役割が固定されがちになるという課題も見えてきた。

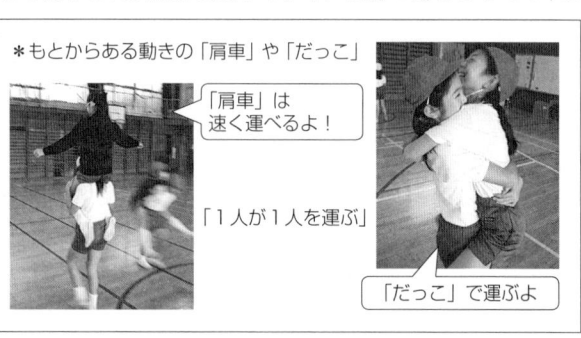

4時間目には，いつも「運ばれる役」である子から「友だちにサポートしてもらえば持てるんだよね」というつぶやきが聞かれた。そのことがきっかけになり「2人で

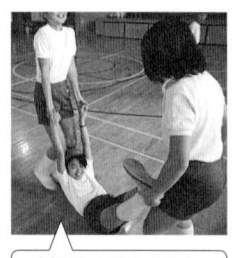

１人を運ぶ」というテーマに進展した。３，４人でグループを構成することになり，役割も固定されず，子どもたちはどんどん動きを生み出していった。子どもたちの動きの変化を見てみると，スムーズに速く運べる運

> ピラミッドで進んでみよう！

> みんなでゴロゴロ転がって，運んであげよう

び方（進み方）から，より新しい複雑な進み方へと移行させる過程で，おもしろい感じを味わっているようであった。「名前」をつける活動では「江戸のタクシー」など，こだわりをもった技の名前がたくさんあがった。５時間目の途中からテーマを拡大し，「○○人で○○人を運ぶ」ということになった。これは，よりダイナミックな動きを求めた子どもたちの声に応じた結果である。実際の動きとして多人数でよく考え，かかわりを通して動きを工夫する姿が見られた。

７．授業を振り返って

今回の単元は，「力強い動きを高めるための運動」と「動きを持続する能力を高める運動」の二つの活動を組み合わせて行った。結果として，運動量や意識にメリハリがつき，子どもたちにも無理なく進められたように感じている。しかし，持久走はもう少し時間をかけることで「感じ」から「気づき」へと子どもの学びが深まったのではないかと反省している。

> 工夫した新しい「おんぶ」を楽しんでいる

「友だちを運ぶ」活動では，運んでいくおもしろさと同時に「友だちに身を委ねる」ことの心地よさを感じている子が多く見られた。また，今回のようにシンプルな設定を行った結果として，「動き」が既存のものからより複雑な動きへと変化が見られた。工夫を重ねることで動きが「新しく，難しい」方向へ変化したことは発見の一つであった。決まった動きを教師が提示し，ドリル的に扱うことは可能である。しかし，今回の実践を通じて，与えられた動きの「感じ」と，おもしろさを探求し生まれてきた動きの「感じ」とでは，子どもの内側での意味が違うと感じた。

今後も教師自身が学び手の一人となることで，動きの本質的なおもしろさにふれられるような授業づくりに取り組んでいきたい。

(石塚　諭)

ちょっと一息

「フィットネス教育プログラム」とは？

　「フィットネス教育」は，1980年以降に米国で開発された新しい体育のプログラムです。米国では健康問題が深刻化しており，特に肥満の改善が大きくあげられていました。そのため学校体育において健康に関するフィットネスの向上が求められ，新しいプログラムの開発が多くなされてきました。従来の米国における体育の目標は，スポーツ競技のためのより高いフィットネスにありました。しかし，新しいフィットネス教育プログラムでは，健康な身体活動に取り組むための知識や技能を重視し，生涯にわたって自立的に運動実践を行うための能力育成が目標となりました。評価基準として"Physical Best"や"FITNESSGRAM"などのフィットネステストも考案されていますが，いずれも評価は健康の指標（健康関連体力）から作成された基準が用いられています。

　求められる教育の成果も，従来の「体力づくり」では競技パフォーマンスのための身体能力の向上であったのに対し，フィットネス教育プログラムでは日常的な身体活動の継続のための身体能力へと変化しています。そのため示された訓練的なトレーニングを繰り返すのではなく，日常的に身体活動へ参加するための動機づけや，実践していくための知識や技能の習得が重視されるようになりました。近年のフィットネス教育プログラムは数多くありますが，小学校では，知識と運動を連携させ自分の運動量を評価してマネジメントする能力の育成を目指したものや，栄養摂取や喫煙などを含むライフスタイル教育を行うものがあります。中学・高校・大学では，フィットネスに関する知識・理解に焦点が当てられ，知識をもとに自己評価や計画・実行するスキルの育成が行われています。どちらも共通して身体活動への価値観を高め，実践に必要な知識を習得することがプログラムの中心として開発されているのです。（植木　夢）

〈参考文献〉
井谷恵子（2001）「アメリカの学校体育におけるフィットネスプログラムの変容：体力づくりからフィットネス教育へ」pp.323-336『体育学研究』

第5章

授業づくりのポイント

1 学びは「感じる」ことから拓かれる！
—— "おかしさ"の克服を目指して

　体育の主要なねらいは「からだづくり」にある，というのが筆者の立場です。「からだづくり」とは，子ども自身が自らのからだの"主人公"，自らのからだの"科学者"に育つことをねらいとして，からだの認識力を高め，自らのからだを主体的に全面発達させる知識，技術，思想を学び，さらにその目的意識と権利意識を育てる教育実践です。

　一方，全ての教育実践が子どもの実態に即して行われるべきであることは論をまちません。それは，「体つくり運動」においても同様でしょう。

　そこで本節では，子どものからだに関する教育現場の"実感"と，それに導かれて行われてきた"事実"調査の結果を踏まえて，いま求められている「体つくり運動」への期待について考えてみたいと思います。

(1) "実感"調査が教えてくれたこと

　筆者たちは，1978年からほぼ5年ごとに，子どものからだに関する保育・教育現場の教師の"実感"を調査し続けています。いわゆる「実感調査」と呼ばれているこの調査では，子どものからだに関して「ちょっと気になる」「どこかおかしい」と心配されている事象を列記して，それらに対して対象者が抱く実感を「最近増えている」「変わらない」「減っている」「いない」「わからない」の五つの選択肢で尋ねています。

　表5-1には，小学校において「最近増えている」との回答率が高かったワースト5の事象を，2010年に実施された最新の調査結果も含めて，調査年ごとに示してみました。この表が示すように，1990年以降，常にワースト5にランクされ続けてきた「アレルギー」と「すぐ"疲れた"という」は，2010年調査でも1位と5位にランクされています。このことは，これらの問題がこの20年

間解決されていないばかりか，増え続けていることを推測させます。

表5-1 「最近増えている」という"からだのおかしさ"の実感・ワースト5（小学校）

	1978年(n=569)		1990年(n=363)		1995年(n=192)		2000年(n=601)		2005年(n=306)		2010年(n=329)	
1	背中ぐにゃ	44.0	アレルギー	87.3	アレルギー	88.0	アレルギー	82.2	アレルギー	82.4	アレルギー	76.6
2	朝からあくび	31.0	皮膚がカサカサ	72.6	すぐ"疲れた"という	77.6	すぐ"疲れた"という	79.4	背中ぐにゃ	74.5	授業中，じっとしていない	72.3
3	アレルギー	26.0	すぐ"疲れた"という	71.6	視力が低い	76.6	授業中，じっとしていない	77.5	授業中，じっとしていない	72.5	背中ぐにゃ	69.3
4	背筋がおかしい	23.0	歯ならびが悪い	69.9	皮膚がカサカサ	71.4	背中ぐにゃ	74.5	すぐ"疲れた"という	69.9	視力が低い	67.2
5	朝礼でバタン	22.0	視力が低い	68.9	歯ならびが悪い	70.8	歯ならびが悪い	73.2	皮膚がカサカサ	65.7	すぐ"疲れた"という	63.5

注1：表中の数値は％を示す。
注2：1978年調査は「最近目立つ」の回答率を示す。
（出典）子どものからだと心・連絡会議編（2010）『子どものからだと心白書2010』ブックハウス・エイチディ，p.120

　実際，「アレルギー」については，日本学校保健会による『児童生徒の健康状態サーベイランス事業報告書』をみても，現在（1年以内）もしくは以前，「これまでに医師からアレルギーと言われたことがある」子どもは調査ごとに増加して，2008（平成20）年度には全体で49.2％とおよそ半数にまで達しています。このことからも，アレルギーが日本の子どもたちの現代的健康課題の一つであることは明白です。

　では，もう一方の「すぐ"疲れた"という」子どもが「最近増えている」との実感は，いったいどのような問題を示唆しているのでしょうか。あらゆる問題を解決するための"はじめの一歩"は，何といっても，その"事実"を可能なかぎり正確に把握することにあります。そのため筆者たちは，そのような実感の"実体"を追究することを目的として種々の"事実"調査にも努めてきました。

(2) "事実"調査が教えてくれたこと

　いうまでもなく，私たちの体調は，外界からの刺激に対して生体内を調節する自律神経系等の働きによって無意識的，自律的にコントロールされています。そのため，「すぐ"疲れた"という」との実感には，自律神経系の発達不全と不調が関与しているとの仮説が成立します。図5-1には，寒冷昇圧試験による血圧上昇の程度（昇圧反応）の加齢的推移を示しました。寒冷昇圧試験とは，片手の指を4℃の氷水に1分間浸したときの昇圧反応を観察しようというもので，古くから行われてきた自律神経機能検査の手法の一つです。この図が示すように，いずれの年齢においても，中国・昆明の子どもたちよりも日本の子どもたちの方が，冷水刺激に対する昇圧反応が大きい様子を確認することができます。あわせて，高校生になっても，大学生になっても，中国・昆明の子どもたちの水準に達していない様子も確認できます。

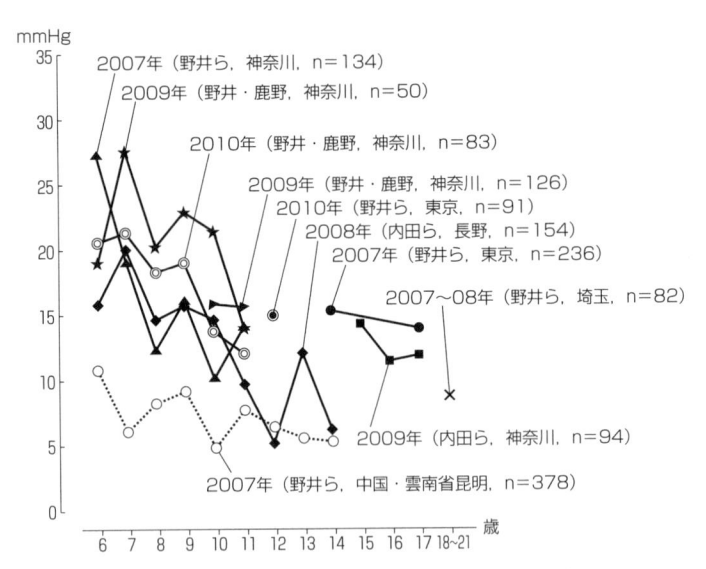

図5-1　寒冷昇圧試験による昇圧反応の加齢的推移

（出典）子どものからだと心・連絡会議編（2010）『子どものからだと心白書2010』ブックハウス・エイチディ，p.143

このことは，日本の子どもたちの交感神経が必要以上に反応していることを推測させます。外界の刺激に対する過剰な反応は疲労をため込んでしまうことにもつながるでしょう。実際，小学生を対象にした別の調査では，昇圧反応が大きい子どもほど，多くの疲労感を抱えている様子が示されています。したがって，日本の子どもたちは疲れをため込みやすい身体状況にあることを心配させるのです。

　このように，日本の子どもたちの自律神経系は，その調子を整えにくく，しかも発達しにくい状況にあるといえます。あわせて，「すぐ"疲れた"という」子どもが「最近増えている」との実感の"実体"の一つは，自律神経系の発達不全と不調にあると推測できるのです。

　ただ一方で，生活に満足感や充実感があるときには，「疲れ」は感じないものです。それは，大人も同じです。やりがいや楽しさを感じる仕事に没頭しているときは，疲れを感じにくいものです。だとすると，「すぐ"疲れた"という」子どもが増えているとの実感の背景には，満足感や充実感を味わうことができない生活を送っている子どもたちが増えていることも予想させます。一般に，満足感や充実感といった感情，あるいはやる気や根性といった意志は，高次神経活動，いわゆる「心」の問題と解釈することができます。そのため私たちは，最近の子どもたちの高次神経活動の特徴についても調査し続けています。

　図5-2（次ページ）をご覧ください。ここには，最も幼稚なタイプと解されている不活発（そわそわ）型の出現率とその加齢的推移を示しました。この図からわかるように，女子では年代による大きな変化を観察することができない一方で，男子では1969年よりも1998年，2007〜08年と，しだいにこのタイプの子どもたちが増えていく様子を確認することができます。このタイプの子どもたちは，大脳新皮質の興奮過程も抑制過程も，ともに十分強くないために集中を持続させることが困難で，いつも"そわそわ""キョロキョロ"していて落ち着きがない，という特徴を有しています。かつては，小学校に入学するころになると，そのような子どもたちは2割前後でクラスの少数派でした。ところが，いまでは多数派ともいえる状況にあります。これでは，1990年代以降，話

題を集めている「小1プロブレム」や「学級崩壊」が発生してしまうのもある程度うなずけるのではないでしょうか。

　いずれにしても，日本の子どもたち，なかでも男の子の高次神経活動は，その調子を整えにくく，しかも発達しにくい状況にあるといえます。あわせて，「すぐ"疲れた"という」子どもが「最近増えている」との実感の"実体"の一つは，高次神経活動の発達不全と不調にあると推測できるのです。

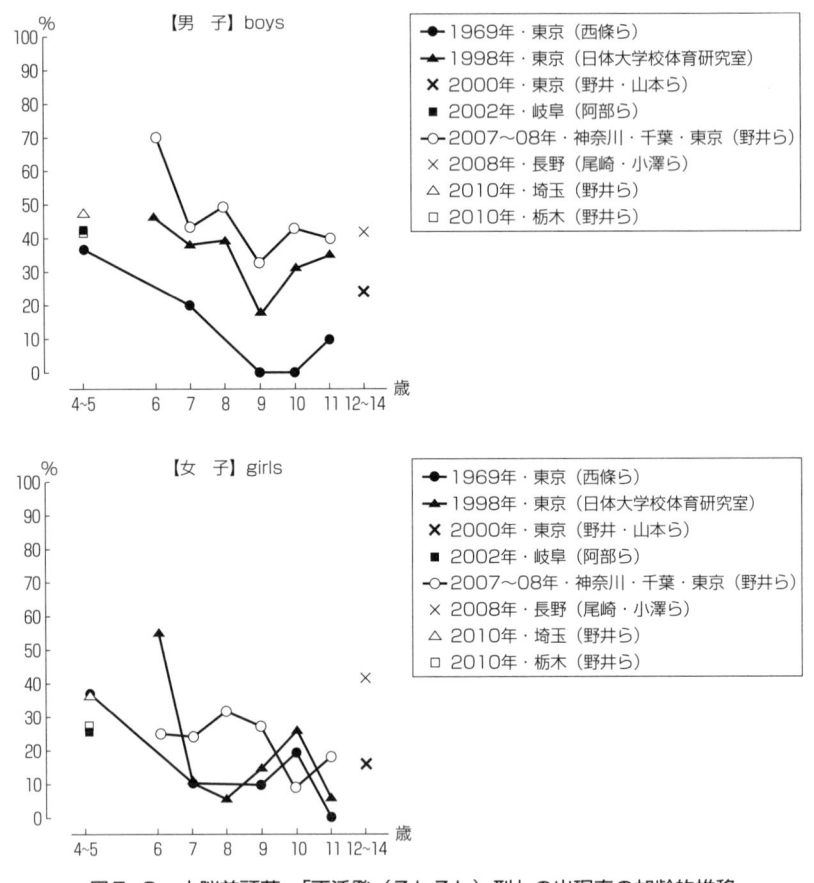

図5-2　大脳前頭葉・「不活発（そわそわ）型」の出現率の加齢的推移

（出典）子どものからだと心・連絡会議編（2010）『子どものからだと心白書2010』ブックハウス・エイチディ，p.144

（3）"感じて・知って・考える"仕かけを！

　子どものからだに関する"実感"に導かれて行われてきた種々の"事実"調査の結果は，「ちょっと気になる」「どこかおかしい」といった子どものからだの問題の"実体"を教えてくれています。子どものからだに関する研究は，これまでの「問題を発見する段階」に加えて「問題を解く段階」，すなわち，それらを解決するための取り組みの創造という段階に突入すべき時期にきていると考えます。その際，からだと心の変化や関係に"気づく"ことをその内容に掲げている「体つくり運動」に寄せられる期待は小さくありません。なぜならば，上記のような子どものからだと心の問題は，子ども自身が自らのからだについて，"感じて・知って・考える"機会を必要としていると考えられるからです。

　冒頭紹介した"実感"調査の結果には，「すぐ"疲れた"という」に限らず，「背中ぐにゃ」「授業中，じっとしていない」等々，病気や障がいとはいえないものの，さりとて健康ともいえないような問題事象が数多くランクされています。これらは，「ちょっと気になる」「どこかおかしい」というレベルにすぎません。ただ，だからこそ，次のような指摘が的外れでないことも容易に予想できます。

　和歌山県で保健体育教師をしていた故佐々木賢太郎先生は，「からだのおかしさ」ともいえる上記のような問題を増幅させてしまった背景として三つの悲惨が重なり合っていることを指摘しました。第一は「からだのおかしさ」が起こってしまったということ，第二はそのことをまわりの大人や社会から気づいてもらえていないということ，第三は子ども自身もそのことに気づいていないということです。とりわけ，「おかしさ」の克服を目指す実践を創造しようとする際，第三の悲惨は常に意識しておくべき指摘といえるでしょう。

　実際，ある高校の保健調査の分析を担当した私たちは，男女とも90％以上の者が体質・体調に関する何らかの問題を訴えながらも，自覚的健康度を聞くと「不調」との回答はわずか５％にすぎなかった，という結果に驚かされたことがありました。また，「貧血」の子どもが鉄剤をのむことによって体調を改善し，数か月前の自分が不調であったことにはじめて気づいた，という声さえ耳

にします。これらは，自らのからだに関するマイナス部分の"事実"に気がついていないケースといえますが，そのような"事実"を真正面から受け止めて，より正確に自らのからだと心の状態を知るためには，日ごろからそれらの変化を感じておく必要があるでしょう。ここに，自らのからだを"感じて，知って，考える"必要性があります。

その点，佐々木賢太郎先生は，主著『体育の子』をはじめ数々の著作を通して，自らのからだを綴ることがその背景にある生活現実への気づきを生起し，生活の変革から社会の変革までをも展望可能にしてくれることを実践的に示してくれました。このことは，子ども自身が自らのからだを綴ることの意味を的確に示してくれています。すなわち，生活綴方的教育方法による体育は，自らのからだを"感じて，知って，考える"有効な手立てといえるのです。

また，神奈川県相模原市のある小学校では，ここ数年，毎朝の始業前に「ワクワク・ドキドキタイム」と称する時間を設けて，鬼ごっこ，チャンバラ遊び，雑巾がけリレー，大根ぬき，人間知恵の輪など，種々の遊びに取り組んでいます。そして，その成果を研究報告書にまとめてくれています。それによると，その活動が「楽しい／少し楽しい」と回答した子どもは97％にも上り，残りの3％も含めて100％の子どもがその活動の必要性を認めています。それらにも増して注目すべきは，90％の子どもが「（活動後は）頭やからだがスッキリする」と回答しているという事実，ならびに，この実践によって自律神経系の改善傾向と高次神経活動の明らかな発達傾向が示されているという事実です。このことは，毎朝の「ワクワク・ドキドキタイム」が，放っておいては自らのからだの変調にさえ気づくことができない子どもたちを，自らのからだの変化を感じて，それを知り，さらには考えることにさえつなげてくれることを教えてくれています。そればかりか，「からだのおかしさ」の克服に有効である可能性さえ示してくれています。すなわち，ワクワク感，ドキドキ感を伴う心地よい身体活動は，子ども自身が自らのからだを感じる機会，知る機会，考える機会を提供すると同時に，長年にわたって心配されている「からだのおかしさ」を克服することにもつながると思うのです。

(野井真吾)

2 「体つくり運動」の授業で大切にしたいこと

(1) 授業づくりのために

◇「体つくり運動」で求められているものとは

「体つくり運動」のねらいとポイントとして，本書の第2章第2節では以下のように提案しています。

「教師としては，動きづくりを目指した授業ですが，児童にとっては，『楽しくて夢中になって運動していたら，動きが身に付いた。そして，結果として体力が高まった』という授業づくりが求められます」

「(「体つくり運動」の三つの運動は，) いずれも運動を通して自己の体との対話をしていくことといえます。魅力ある運動を楽しみながら，自己の体や動きの変化に気づき，『生涯にわたって運動に親しむ資質や能力の基礎を培う』授業が実践されることが期待されます」

◇授業づくりの三つのポイント

この提案から，次の3点を授業づくりのポイントとしてまとめてみました。

---
① 「教師は，子どもが夢中になれる魅力ある運動の場を提供する」
② 「教師は，子どもが自己の体や動きの変化に気づくことができる学習を提供する」
③ 「教師は，子どもが成長したときに運動に親しむことができる学習を提供する」

この三つのポイントを中心にした「体つくり運動」の授業とは，どのようなものなのかを述べていきたいと思います。

（2）授業をつくる

① 「子どもが夢中になれる，魅力ある運動」の場づくり
◇夢中になって遊ぶ子どもたちの姿とは

　子どもたちが夢中になって遊んでいる姿とは，どんな様子でしょうか？「わあー，やってみたいなあ」「これは，楽しいなあ」「また，やってみたいなあ」という言葉を，子どもたちが発しているときではないでしょうか。運動に夢中になって遊ぶ子どもは，たえず動き回り，笑顔をいっぱいに振りまき，はしゃいでいます。そして，もうひとつ，無言になり集中して取り組んでいる姿，こんな姿が，子どもたちが運動に夢中になっている姿ではないでしょうか。

◇なぜ，夢中になれるのか

　子どもたちが運動に夢中になれるのは，いったいなぜでしょうか？　それは，運動がおもしろいからです。「運動がもっているおもしろさ」に，子どもたちがふれているからです。例えば，「体のバランスをとる運動」では，平均台の上を歩くという動きが紹介されます。平均台の上で歩くとなると，子どもたちはバランスをくずして落ちてしまいます。でも，その後で出てくる言葉は，「もう一度やってみたい」です。子どもたちは，感覚を研ぎすませて身体を変化させ，安定して歩くという動きをつくります。まるで体を不安定にさせる道具が，子どもたちに「落ちるよ」という危険を教えて，体を安定させる動きをつくり出すように命令しているかのように。このように，不安定な状態から，安定した状態にさせる動きをつくり出してしまう——これが，「運動のもつおもしろさ」なのです。「体つくり運動」の中には，身体のバランスをくずす運動や，日常生活では体験することがない運動など，さまざまな運動が盛りこまれているだけに，子どもたちは夢中になります。

◇夢中になれる，魅力のある場にするために

　子どもたちが夢中になれる，魅力のある場をつくるためには，どのような準備をしたらいいのでしょうか。

　まずは，文部科学省（以下，文科省）から配付された「多様な動きをつくる

運動(遊び)」のパンフレットを参考にしてください。学習指導要領解説に記述されている運動の内容が,具体的に提示してあります。運動の内容に迷われたら,このパンフレットをぜひ活用してください。

次に,安定した動きと不安定な動きを対比させる場をつくって,運動のもっているおもしろさを深めることです。例えば,平均台の上を歩く動きであれば,それを何度も繰り返すのではなく,床の上を歩くという安定した動きや,床に描かれている線の上を歩くという少し不安定な動きを,平均台の上を歩く動きと比較させます。その対比から,「不安定な状態」を感じ取らせ,体や動きの変化に気づかせることで,子どもたちはおもしろさを深めることができます。

発達段階に配慮することも大切です。低学年には,多様な運動をさせたり,毎回運動を変えたり,道具を変えたり,学習グループを変えたりして,たえず変化がある場にするなどの工夫が大切です。中学年の場合は,運動を組み合わせて不安定さを高めたり,自分たちが遊び方を工夫したりすることができる場にするとよいでしょう。高学年は,ねらいに合った運動かどうかを確かめたり,どちらの運動がよいかを選択したりできるなど,一人でじっくり考えることができる場を用意したいものです。

② 自己の体や動きの変化に気づくことができる学習
◇自己の体や動きの変化に気づくとは

坂道で立っている自分をイメージしてください。坂道で立っているとき,立ちづらくなりますが,倒れる人はほとんどいません。それは,不安定な状態に置かれた体は,安定した状態に近づけるために,自然に体を変化させているからです。このようなことは,皆さんも十分に理解されていることだと思いますが,それを日ごろから意識して生活していません。上記のような発問があったから,体を意識し,状態を理解できたのです。ふだん,子どもたちは,教師から発問がないかぎり,自分の体を意識して運動することはありません。平均台の上を歩くときは,床を歩く感覚で歩いてしまうと,バランスをくずして落ちてしまいます。でも,子どもたちは,運動する場が変わると,体の姿勢や体の動きを変えて,安定した動きをつくり出します。そこで,教師が投げかけをし

て，子どもたちに自分の体の変化に気づかせる必要があります。

◇どうして「気づき」をもたせる必要があるのか

　子どもたちに，体や動きが変化することに気づかせたい——それは，自分の体や動きの変化に気づき，運動のもつおもしろさをより深く味わってほしいからです。平均台の上を歩くとき，安定した状態で歩けるように，体を変化させて動きをつくっています。子どもたちが自分の体の変化や動きを感じ取り，友だちの動きの変化を見取ることができれば，体の変化を楽しむことができます。そして動きをじっくり経験し，運動のもつおもしろさをしっかり味わうことができるようになります。

◇どうすれば，気づかせることができるのか

　「どうして坂道で立っていられるの？」と聞かれたら，どう答えますか？　筆者はわかりやすく説明するために，平地で立っているときと坂道で立っているときを対比させながら話すことがあります。立つという運動がいろいろと体験できる場を設定することで，立つという運動をしている自分に気づくことが容易になります。一人でじっくり体験できる場をつくってやることも，大切な手立てとなります。

　二つめには，気づいたことをしっかり表現できるように，言語を充実させることです。例えば，「擬声語・擬態語」を活用して，子どもたちに楽しく表現させることなどが有効です。「平均台の上を歩くときは，上げた足のつま先を，支えている足の前に"スーッ"と出すと，体がぐらぐらしないよ」というように，体の部位とその動き方を表現させます。「擬声語・擬態語」をしっかり活用すると表現することが楽しくなり，子どもたちも積極的に表現します。

　三つめは，動きのおもしろさを見つけさせることです。子どもたちは，経験しておもしろいと思ったとき，だれかにそれを伝えたくなります。運動での「気づき」をしっかり実感させるためにも，「この運動や動きのおもしろいところを聞かせてよ」と，興味や関心のあるものが何なのかを表現させることです。また，「どうしておもしろくないの？」という気持ちを聞き出すことも，大切にしてください。

③ 子どもたちが成長したときに，運動に親しむことができる学習
◇子どもたちが成長したときに必要な力とは

　成人した人が，体力を維持・向上させるために，小学生のときにどんなことをしておけばよかったと思うのでしょうか。「なわとびの二重跳びをもっと跳べるように」と思う人より，むしろ「苦手な運動も，もっとやってみればよかった」と運動とのかかわり方を振り返る人が多いのではないでしょうか。小学校で身に付けさせたいことは，運動へのかかわり方です。好きな運動，嫌いな運動にでもかかわってみようとする力，おもしろかった，おもしろくなかったという現状からもっとおもしろくしようとする「創意工夫する力」，みんなでやろうという「仲間とつながる力」など，運動にかかわる力を身に付けることが，成人したときに大切な力となります。

◇「できること」より，「おもしろい」にこだわりたい

　体育の授業で，「運動をできるようにさせる」より，「運動をどう楽しませるか」にこだわったほうが，運動へのかかわり方が上手になります。例えば，食事の学習では，栄養のバランスを考えることは大切ですが，それだけを考えると，栄養素がバランスよく配合されている栄養剤を摂取することが，いちばん適した食事となります。しかし，それを食事の学習とは考えないはずです。食事の学習では，食器や配膳などの見た目を整える，季節の食材や安全な食材を使う，地域や各家庭の料理を学ぶ，家族との団らんをするための話題を考えるなど，食事を楽しむという「食の文化」を学習します。体育でも，「運動ができる」だけを取り上げてしまうと，その動きや運動を集中的にやるトレーニングが最も適した学習になります。しかし，それでは，「ただ，栄養剤を摂取する」のと同じこととなります。「体つくり運動」でも，運動を楽しむという「スポーツの文化」を学習させるために，運動が楽しい，おもしろいという感覚を，子どもたちが体感できて，単元の学習後に，子どもたちが「運動が楽しいと感じる」「楽しい運動をつくり出す」ようになることを大切にしたいものです。

◇「おもしろい」にこだわる授業とは

　ワークショップ型の学習をぜひ実践してください。ワークショップ型の学習

のよいところは、運動のおもしろさにだれもがふれられることです。既習した運動から、子どもたちが好きな運動を選んだり、自分たちで新しい運動をつくり出したりすることで、運動のもつおもしろさを体感できます。子どもたちは遊びづくりの天才なので、道具を変えたり、動くスペースを変えたりしながら、おもしろい運動をつくっていきます。

　二つめの利点は、自分たちがつくり出した運動がおもしろいかどうかを友だちに試してもらうことができることです。子どもたちは、露骨なまでに「おもしろい／おもしろくない」を表現します。筆者が行った実践では、友だちがつくった運動に挑戦した後、おもしろかったかどうかを「ワクワクポイント」で評価させました。「挑戦した運動は、どのくらいワクワクしたかな？」というポイントを3段階にして、「ワクワクポイント」を選ぶという評価の方法です。この評価に変えたことで、子どもたちは、運動を創意工夫するおもしろさを味わい、その運動の出来ばえについて振り返ることができました。

　そして、三つめに、単元の終わりに互いがつくり出した運動を挑戦し合って楽しむという学習（「運動遊びごっこ」など）を設定することにより学習の目的をもたせることができるようになることです。毎時間、最後の「運動遊びごっこ」につなげるように考えながら行動ができます。また、運動をつくろうとしている子どもたちは、不安定な運動になることも十分自覚していますので、危ないことも予知しながら運動ができ、けがをすることはありませんでした。自主的な学習は、子どもたちに安全について考える力も身に付けていきます。

(3) おわりに

◇子どもも教師も「おもしろい」を見つけよう

　体育の授業は、やっぱり楽しくないと子どもの学習意欲は続きません。そのために、「これもおもしろい、ここがおもしろい」と、教師が体育の授業の中で、たくさんの「おもしろい」を見つけてやれば、子どもたちは自由な動きと、自由な発想ができるようになります。おもしろいことをたくさん体験できれば、きっと、豊かな心と体をつくることができると思います。

（大橋　潔）

3 「からだ」が感じて「からだ」が動く
―― 体験活動からの「体つくり運動」へのアプローチ

(1) はじめに

　小学校教育で実施されている体験活動には，集団宿泊活動，ボランティア活動，自然体験活動などさまざまな取り組みがあります。その中で，「動き」を中心的なテーマとする「体つくり運動」にかかわるものは，ある課題について仲間と体の動きを工夫しながら解決していくというグループワーク活動があります。

　そのような活動は，A.S.E.（Action Socialization Experience：社会性を育成する実際体験）ともいわれ，特に身体の「動き」を伴う代表的なものに「イニシアティブゲーム」などがあります。これは，個人では解決できない課題について，グループのメンバー同士が協力や連携することで課題解決を目指すことから，他者との建設的なコミュニケーションを促進する機会となります。野外教育分野での，特に導入やまとめの活動として実践されています。学校教育では，林間学校や移動教室などの集団宿泊を伴う自然体験活動中のプログラムの一つとして実施されているのを，近年よく見かけるようになりました。

　このようなA.S.E.活動は，一連の「動き」の経験プロセスの中で，特に本書の主題である「感じ」と「気づき」を重要視する取り組みとなります。それは，ある課題に対して，実際にしてみるという「動き」の具体的経験をすることで，実践者（学習者）は自らの五感を通じて動きを「感じる」ことになるからです。さらに，その中でさまざまなことに「気づき」，その気づきをもとにいろいろと思考する中で，課題解決に向けた新たな目標（小課題）を設けて再度やってみるということが，A.S.E.では重要となるからです。すなわち，A.S.E.の実践では，「実際にやってみる」-「感じる」-「気づく」-「考える」-「またやってみる」という一連のサイクルによる試行錯誤を通した課題発見及び課題解決

の循環プロセスが基本とされるからです。

そして、仲間との協力が不可欠となるA.S.E.の活動は、各自が自らの動きを「感じ」て、「気づく」ことに加えて、他者の動きも身近に「感じ」て、「気づき」、さらに自らの動きを連動させていくという、他者との密接な相互作用の中で行われるという特徴をもった「体つくり運動」となるでしょう。また、A.S.E.には、ある道具や設備を使って実践されるものも少なくありません。その点から言えば、道具などを使ったA.S.E.活動を行うことで、前述した自分自身、仲間（他者）に加えて、「モノ」とのかかわりを通して動きの「感じ」と「気づき」に注目した活動を行うことができるでしょう。ここでは、どこでも手軽にできる活動と、学校にある身近な道具を使ってできる活動の両方を紹介しています。

また、本書のテーマである動きの「感じ」と「気づき」の観点から、第2章第5節の表2-6（「感じ」と「気づき」の）「見取りのための行為規準例」（p.46）で示されている縦軸「感じ」の3項目を観点に活動を区分して紹介しています（1．身体が不安定な感じ、2．身体が安定した感じ、3．身体が安定したり、不安定になったりする感じ）。さらに、同表の横軸「気づき」のレベルについても、該当すると思われる項目について活動ごとに付記しています（a．動きのおもしろさへの気づき、b．動きの出来事への気づき、c．動きを工夫するための気づき）。ただし、各活動における「感じ」と「気づき」の項目に対応させたそれらの分類は、明確に区別されるものではありません。その理由は、ここに紹介するA.S.E.活動は、前記したようにある1つの課題に対して、その解決に向けた試行錯誤のプロセスの中で、各自の多様な動きが含まれるからです。すなわち、課題への取り組みの一連のプロセスの中では、初期段階での動きは「1．身体が不安定な感じ」が中心であっても、後半になり動きが深まっていくにつれて「2．身体が安定した感じ」になることもあるでしょう。加えて、他者とのかかわりによってなされるA.S.E.の活動は、各自の担う役割によっても動きの「感じ」は、当然それぞれに差異が出てきます。したがって、ここで示す区分は、あくまでも1つの目安として参考にしていただければと思います。

なお、ここ示すA.S.E.活動は、学年別や運動の領域及び内容などの区分を踏

まえた上での提示はしていません。それらに応じたさまざまな具体例については，第4章を参照してください。以下に提示する各活動は，各学年の児童の発達段階や実態に応じて，柔軟に取捨選択して活用していただければと思います。

(2) 活動の実際

1.「身体が不安定な感じ」の活動

1) モンスター

【気づき】動きの（a.おもしろさ・b.出来事・c.工夫するため）への気づき

課題：「足○本，手○本，頭○つ」などと数を決めた1匹のモンスターをグループでつくり，そのままの形で10〜30m程度移動する。
方法：①全員が必ずどこかでつながっていること。
　　　②地面には体のどの部分が触れていてもかまわない。ただし，7人のときは一度に4か所までとする（目安：7人：4か所／5人：3か所）
応用：・しっぽ，角，鼻，耳，翼等の条件を追加する。
　　　・体力に応じて，移動距離を調整する。

【人数：5〜10人】

2) 動く目玉

【気づき】動きの（a.おもしろさ・b.出来事・c.工夫するため）への気づき

課題：輪の中の1人（目玉）に他の者は触られないように逃げる。
方法：①1人が目隠し，または目をつぶって目玉となり，その他の者がつくる輪の中に入る。
　　　②目玉は，他の手つなぎグループにタッチするために動き，周りの手つなぎグループはタッチされないように動く。タッチされた者は目玉の役を交代する。
応用：周囲の手つなぎグループが，視界のない目玉に声をかけて，ある目的地（例えば，体育館の入り口，等）まで誘導する。
配慮：「目玉」役は，視界を閉ざすので自由に動いても

【人数：5〜10人程度】

177

危険があまり及ばないような広い場所で行うようにする。

3）サークルシーソー（ぎったんばったん）
【気づき】動きの（a.おもしろさ・b.出来事・c.工夫するため）への気づき

　課題：輪をつくって手をつなぎ，交互に前後にゆれる。
　方法：①偶数の人数でイラストのように内向きの凸凹な円になる。わきが開く程度の間隔で手をつなぐ。
　　　　②「1，2」の番号をかけるなどして，1人おきの「前・後」のポジションを明確にしておく。
　　　　③体幹（背・腰）を伸ばしたまま，合図とともに交互に前後に体をゆらす（両隣の人と前後反対に倒れる）。
　　　　④奇数の人数の場合は，指導者が円に加わったり動かない人を1人つくったりする。
　応用：「3」の番号をつけ，「前・中立・後」を設定して行う。
　配慮：前に倒れる側と後ろに倒れる側の息を合わせてバランスよく交互に入れ替わり，全体がスムーズな動きとなるようにする。

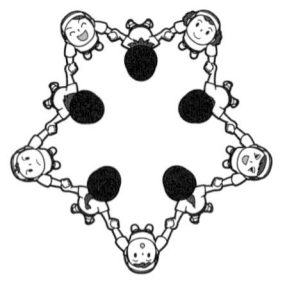

【人数：2～16人程度】

2．「身体が安定した感じ」の活動
1）人間イス（ヒューマンチェア）
【気づき】動きの（a.おもしろさ・c.工夫するため）への気づき

　課題：全員で円をつくり，一斉に後ろの人の膝に座り，再度，みんなでそろって立ち上がる。
　方法：①肩が接するくらいの内向きの小さな輪をつくり，左右どちらか一方向を向く。
　　　　②内側の足のつま先が前の人の内側の踵につくくらいに，一歩，さらにもう一歩と円の中心に進む。
　　　　③きれいな輪になっていることを確認してから，「せーの」でゆっくりと後ろの人の膝に腰かける。立ち上がるときも，声かけしてそろって行う。
　応用：腰かけた円になった状態から，何歩か歩いてみる。

【人数：大きな円が可能な人数】

少しずつ歩数を増やしてみる。
配慮：1人でも動作がずれると，バランスをくずしドミノ式に後ろに倒れる危険もあるので，必ず全員集中して行うこと。

2）クロスバレー（毛布バレー・毛布ボール）

【気づき】動きの（a.おもしろさ・b.出来事・c.工夫するため）への気づき

課題：複数の人数で持ったシートをレシーバーとしてバレーボールを行う。
方法：①グループを2チームに分け，各チームがイラストのように2人以上で1枚のシートや毛布などを広げて持つ。最初から多人数で行ってもチームワークを促しながら楽しめる。
②バレーボールを落とさないように，シートを使ってお互いのチームでパスしあう。
③バレーコートが利用できる場合は，ネットを使って行う。
応用：・コートがなくても，「1チームで続けて何回できるか」「数チームで何回続けられるか」「どれだけボールを高く上げられるか」等で実施してみる。
・バスケットゴールがあれば，何回かパスした後，そこにシュートをしてみる。
・バスケットボールなどの少し重いボールを使用して難易度を上げたり，ボールの代わりに「ぬいぐるみ」などを使ったりもできる。

【人数：2〜大人数】

３）サークルさあ来る（フープリレー）

【気づき】動きの（a．おもしろさ・c．工夫するため）への気づき

> 課題：手をつないでつくった輪にフープを入れ，そのフープをできるだけ速く１周させる。
> 方法：①どこか１か所にフープを通して，手をつないで輪をつくる。
> ②手をつないだまま１人ずつフープをくぐって回していき，元の人に戻ったら終了。
> ③「タイムトライアル」「目標タイムを決めて挑戦」などをしてみる。
> 応用：人数が多い場合は，傍観者を出さず全体の動きを出すために，複数のフープを輪の中に入れる。その際，大小サイズの異なるフープを使ってみる。
> 配慮：フープがない場合は，太めのロープなどで代用できる。

【人数：数人〜十数人】

3．「身体が安定したり，不安定になったりする感じ」の活動

１）フラワー（いっせえの・スタンドアップ）

【気づき】動きの（a．おもしろさ・b．出来事・c．工夫するため）への気づき

> 課題：足をくっつけたまま，同時に立ち上がる。
> 方法：①２人組から開始。向かい合って座り，両手をつなぐ。互いの両足のつま先をつけたまま立ち上がる。
> ②２人組でできたら，隣の組と合流して４人組で挑戦する。４人組で成功したら，８人組と人数を増やしていく。
> ③「自分の足をそろえ，隣の人と足をつけたまま同時に立ち上がる」ことをルールとする。
> 応用：・人数が多くなるほど難しくなる。８人組に成功したら，徐々に人数を増やしてみる。16人組くらいまで挑戦してみる。
> ・同ルールで外向きの円で行う。

【人数：２〜16人程度】

2）みんなお手上げ（オールキャッチ）

【気づき】動きの（a.おもしろさ・b.出来事・c.工夫するため）への気づき

課題：全員で一斉に投げたボールを全員で何個キャッチできるか。
方法：①ウレタン製やゴム製などの軟らかいボールを使って，互いに一斉に投げ合う。
　　　②ボールを落とさず，全員で何個キャッチできるかを，目標設定や作戦などを立てて行う。
応用：・プラスティック製の竹とんぼやジェットバルーンなどを使うと不確定要素が出て楽しめる。
　　　・円の中にボールを受けとる人（1〜4人）を入れて，ボールを何個とれるかでやってみる。
　　　・作戦を立てるとき，声に出さずジェスチャーのみでしてみる。
配慮：ボールキャッチに夢中になって，互いに衝突しないよう，周囲の人の動きにも注意させる。

【人数：4，5人以上】

3）ハンドサッカー

【気づき】動きの（b.出来事・c.工夫するため）への気づき

方法：①ソフトバレーボール，ビーチボールなどの軟らかめのボールを使用する。目印（コーン）などを使ってゴールを設定する。ゴールは2つの目印を使ってその間を通すのでもよいし，1つの目印でそこに当てるという形式でもよい。
　　　②ボールは手ではじく。ゴールしたらセンターラインから相手ボールで再開する。
　　　③体育館などの室内で行うときは，端に転がったボールも，壁に当たって跳ね返ってきたボールもオンプレーで続行する。
応用：人数が多いときや，全員の運動量をより確保したいときはボールを2つ以上使うようにする。

【人数：5人前後／チーム】

(3) おわりに

　これまでに紹介したようなA.S.E.系の体験活動は，冒頭でも述べましたが，単独で行う運動ではありません。グループとのかかわりの中で，すなわち，自分及び仲間の動きを「感じ」，そして「気づく」なかで行われるという特徴をもっています。そこでは，課題発見・課題解決に向けた他者との意見交換，協調の態度が必要不可欠となります。それ故，このような形態の活動や運動は，単に「体つくり」の視点に加えて，自分自身の内面と向き合い，そして他者との相互作用を通じた仲間づくりやチームワークの向上などにとても有効です。体育であれば，チームゲームを行う前の心身の「感じ」と「気づき」を伴うウォーミングアップとして，また体育以外であっても，さまざまな場面における個々の「感じ」「気づき」に基づいたクラスや集団の凝集性を高めるための効果的な方法となるでしょう。したがって，個々人が自分自身および仲間のことをよく考えることを通してグループやクラスの連帯感や仲間と親交を深めていくといったチーム，グループ及び学級経営の一方法としても有益です。実際，すでに活用している先生や指導者の方もいらっしゃることだと思います。

　ここで例示したA.S.E.活動は限られた紹介にとどまっていますが，その他にも活動例は多くあります。ここに紹介できなかったものについては，以下の参考文献などを参考にされるとよいでしょう。

（小森伸一）

〈参考文献〉
諸澄敏之編（2005）『みんなのPA系ゲーム243』杏林書院
日本野外教育研究会編（1992）『キャンププログラム1』杏林書院
高久啓吾（1998）『新しい体験学習（1）楽しみながら信頼関係を築くゲーム集』学事出版

4 個人的実践から集団的実践へ

(1) 手段としての集団化

　平成20年改訂の学習指導要領においても，これまで同様に運動の集団化が運動の内容の一つとして示されています。例えば，器械運動では，「それぞれの運動に集団で取り組み，一人ひとりができる技を組み合わせ，調子を合わせて演技するような活動を取り入れることもできる」とし，集団マットや集団跳び箱，集団鉄棒といった表現の要素を取り入れた運動が内容として示されています。水泳でも，「水泳の楽しさを広げる観点から，集団でのリズム水泳などを指導に取り入れていくことも加えることができる」とされ，シンクロナイズドスイミングの要素を取り入れた運動も内容として示されています。

　これまでもすでに多くの実践例も紹介され，器械運動では，鷲巣（1998）が集団跳び箱運動の教材化により，個人的な克服型・達成型の楽しみ方だけでなく，集団的，表現的な楽しみ方も可能にし，跳び箱運動の楽しさを広げることができたことを報告しています。また，楢山（2001）が，跳び箱運動の楽しさを「タイミングを合わせて跳ぶ，心地よさ」など，グループで行う活動にも広げることで，楽しみの窓口を広げ，活発に運動に取り組み，その結果，跳び箱を乗り越えるさまざまな動きをも身に付けることができたことを報告しています。

　水泳では，山川（2004）がシンクロの効果を「ゆったりとした音楽を選曲することで，リラックスして浮く動きや男女を問わず手をつなぐ姿も自然と見られるようになる。友だちとのかかわりを深めていく上でも非常に有効な学習である」と述べ，また，田中（2001）は，水中での移動の仕方の着目からシンクロ遊びを水泳に取り入れて実践を行っています。

　このように，これまで，個人的な運動とされてきた器械運動や水泳において集団化した教材が授業で利用されるようになってきています。しかしながら，

楢山が述べる「結果的に……」という言葉に象徴されるように，集団的な運動は楽しみ方のひとつと理解されており，集団による運動が目的というよりは，いわば個人的な運動のための手段として教材化されていることが多いといえましょう。これは，器械運動や水泳における集団的な運動が，個人的な運動の単調さを補う方法のひとつとして了解されていると考えられているからではないでしょうか。本来，集団化とは集団で行うこと自体が楽しい運動であるはずです。すなわち，運動の特性を弾力化することによって，学習指導要領で示されている集団的な運動も単に手段としてではなく，目的としてその集団化を理解することができ，それ自身が重要な学習内容となると捉えることができるのではないでしょうか。

(2) 教材としての「新体操」

　小学校中学年期はその発達段階において「巧みな動き」及び「体を柔らかくする動き」が伸びる時期であり，さまざまなモノを操作すると同時に自分自身の身体をコントロールする運動が子どもの学びに適しているといえます。そこで，モノや自己の身体を操作しつつ他者の身体に共感しながら学びを展開する中で学びの変化を引き出すことができる，と考えられる運動特性をもつスポーツとして，新体操を考えました。本稿では，新体操の要素を教材化し，実践することで学びの変化としての集団化について考えてみることにします。

　これまでの新体操の研究では，中学校や高校の選択の授業として新体操を教材として扱ったもの（小山，2002）は見受けられますが，小学校において新体操の教材を扱った授業実践はほとんどなく，研究発表されていない現状にあるといえます。そこで，本授業実践において新体操を教材化するにあたり，まずは新体操の特徴について捉えることとしました。新体操の特徴について，『最新スポーツ科学事典』(2006) の中で，感情の表出を重視した表現体操，音楽リズムと運動リズムを結合させたリズム体操，さらに輪，縄，リボンなどの手具を用いた手具体操という視点から捉えられています。さらに，『体操辞典』(1978) では，上記の特徴とともに，「個性を尊重し，運動を自由，自主的に行う」「リ

ズミカルな動き作りをとおして，調和的なからだづくりをねらい，ボール，棒，金属リング等の手具を用いておこなう」としています。このように，新体操の特徴を，用具を操作し，リズムに乗り，表現することに見出すことができます。これは，学習指導要領の中の「体つくり運動」の「用具を操作する運動（遊び）」「表現リズム遊び」「表現運動」の内容と合致するといえましょう。また，集団での新体操について加茂（1978）は，集団での新体操の魅力を，「チームの独創性や，チームがもつ能力の範囲内でリズム構成をし，自分たちのチームならではの演技力」であると述べています。

　すなわち，新体操を通して，集団で楽しさを創造し，発見することに，子どもたちはふれることができると考えられます。なお，授業実践にあたっては，競技としての新体操を追求するのではなく，新体操における，「モノを操作する楽しさ」「自分の身体を操作する楽しさ」「他者の身体に共感し，共鳴する楽しさ」「リズムに乗って表現する楽しさ」にふれさせながら，身体を外界に対して解放する中で，集団的実践として授業が展開できるように配慮し，「用具を操作する運動（遊び）」「表現リズム遊び」「表現運動」の視点から小学校における新体操の教材化を行うこととしました。

（3）授業の流れ

　この授業では，最初は個人で用具を操作する楽しさに夢中になり没頭していた子どもたちが，授業が進むにつれて，しだいにその楽しさを仲間と共有しながら，仲間と一緒に用具を操作する楽しさを創造・発見していくことではないかと考えました。そこで，まず，クラスを三つのグループに分け，新体操の三つの用具のそれぞれを操作する楽しさにふれることとしました。次に自分がさらに深めたい用具を選択し，そのグループ内での活動を行いました。この活動を同じ用具を選択したグループで共有し合う「同用具グループ内ワーク」と呼ぶこととしました。さらに，異なる用具を選択した子どもともグループを形成し，活動の共有を行い，グループ間で活動を共有し合う「異用具グループ間ワーク」を行うこととしました。これらのグループワークの移行は時間軸ではな

く，授業の状況と文脈の中で子どもの学びを見取り，学びの変化に合わせて行うこととしました。

(4) 学びの変化

表5-2　解釈された子どもの学びの変化

	解釈された子どもの学び	活動の変化
第1時	「用具を操作するおもしろい世界を探索」	個人が探索する
第2時	「創造・発見によるおもしろい世界の生成」	個人が創造・発見する
第3時	「創造・発見の情報交換による新たなおもしろい世界の生成」	仲間との情報交換を通して創造・発見する
第4時 第5時	「同用具グループの仲間との同調による新しいおもしろい世界の生成」	仲間と同調し，創造・発見する
第6時	「異用具グループの仲間との協調による新しいおもしろい世界の生成」	仲間と協調し，創造・発見する

　授業を通して解釈された学びの変化を表5-2にまとめました。第1時から第2時の子どもの学びの変化は，第1時での一人ひとりが自分の「用具を操作するおもしろい世界を探索」することに始まり，第2時の自分なりに，その中で自ら新しい動きを創造・発見し「おもしろい世界の生成」への変化として解釈されました。これは，用具に誘われて夢中で用具を操作して活動している段階から，もっとおもしろい動きはないか，と用具を使って子どもたちが新しい動きの工夫を行っている段階への変化です。この第1時間目，第2時間目では一人ひとりがその運動のおもしろさを探し，おもしろい運動を行っている段階であるといえます。

　第3時の学びでは，互いが創造・発見した用具を操作する楽しさを情報交換することで，また新たに動きが創造・発見され，「新しい世界の生成」への変化であると解釈されました。これは，これまで1人の所有物であったおもしろい世界を，「それどうやってやるの？」「その動き教えて！」という情報交換をすることで，学びを変化させたということです。つまり，自分のアイディアと他者のアイディアを交換して新しい動きにふれて活動しているのです。第4

時・第5時では，これまで個人で行っていた活動を，同用具グループの仲間と同調して行うことで，子どもたちの学びが，仲間と「同調することで新しいおもしろい世界の生成」として解釈されます。これは，互いに見せ合ったり，教え合ったりしていた情報交換だけでなく，「一緒に合わせてみよう！」「もっとこうしてみよう！」という声かけの中で，同じ用具の仲間と合わせて活動をしています。一人ひとりで活動を行っていた動きを友だちと合わせて行うことに，おもしろさを感じているということです。2人から3人，多い子では5人くらいで，「せーの」というかけ声のもと，同じ動きをタイミングを合わせて行っていました。第6時においては，違う用具の違う仲間と「協調することによって新しいおもしろい世界の生成」へ学びが変化し，違う用具や違う動きをする仲間と協調することにより，さらにおもしろい世界を生成することへの変化であると解釈されました。これは，違う用具の仲間と互いの動きを合わせることで活動していたということです。「フープは右側で回して，そのとき，リボンの人は回しながら前に出てきて，ボールの人は後ろに下がって投げ上げて」のように，同じ用具のグループで合わせて行うのではなく，音楽に合わせて，違う用具の仲間と協力してひとつの演技をつくっていくことにおもしろさを感じているということです。まさに「一人一人ができる技を組み合わせ，調子を合わせて演技するような活動」(文部科学省，2008，p.12) が子どもたちの活動から生まれてきたといえるでしょう。

　このように子どもの学びは，個人の探索から個人の創造・発見を経て，友だちとの情報交換による創造・発見へ，そして同じ用具の友だちとの同調による創造・発見から，違う用具の友だちとの協調による創造・発見へと，新しいおもしろい世界を生成し続けることで変化しているといえます。この学びの変化に伴い，おもしろい世界が広がっていく中で，活動は意味を変えていき，その意味の変化によって個人化から集団化への変化を捉えることができるでしょう。それは，第1時・第2時における学びによって表出した活動においては，個人化としての学びの意味でしたが，第3時以降の学びによって表出した活動においては，集団化としての学びの意味に変化していることからも捉えられます。

このように活動-共有-活動という循環による学びが展開されることで，子どもにとって意味付与された学びに変化が起き，その学びの変化によって，学びによって表出される活動が集団として了解され，集団化が生成されていくと捉えられます。つまり，その学びの変化によって活動が個人から集団へと広がっていくということです。

(5) おわりに

以上のように本稿では，学びによって表出される活動の，個人の了解としての個人化から，集団の了解としての集団化への変化を，子どもの学びの変化において解釈することができました。また，この学びの変化によって集団化すること自体が生成されたと捉えられました。このような点に注目することで，集団で行うことで，楽しさを保障するという手段としての集団化ではなく，かかわり合いの中から楽しさを集団へと広げていこうとする，目的的な集団化を捉えることができたといえましょう。このような見方は，教師が楽しさを提供するという役割から，共に楽しさを創造・発見する協働行為者としての役割が重要であることを示唆するものであるとも考えられます。

(松本大輔)

〈引用・参考文献〉
加茂佳子（1978）「団体体操」遠山喜一郎『女子の新体操』大修館書店，p.169
小山厚子（2002）「中学校・高等学校の体育 高校女子の選択授業「新体操」──輪を使っての集団演技（授業研究・内容と指導）」『女子体育』Vol.44, No.1：pp.16-19
文部科学省（2008）『小学校学習指導要領解説体育編』東洋館出版社
楢山聡（2001）「跳び箱運動」松田恵示・山本俊彦編『「かかわり」を大切にした小学校体育の365日』教育出版，pp.92-93
日本体育学会監修（2006）『最新スポーツ科学辞典』平凡社，p.626
佐藤友久編（1978）『体操辞典』道和書院，p.109
田中聡（2001）「プール遊び・水泳」松田恵示・山本俊彦編『「かかわり」を大切にした小学校体育の365日』教育出版，pp.66-67
山川寿夫（2004）「泳ぎにつながる水慣れやゲームの授業」『体育科教育』第52巻第8号，大修館書店，p.30
鷲巣明喜（1998）「学習意欲を高める体育指導に関する研究──跳び箱運動における魅力ある教材開発の工夫」『平成9年度埼玉県長期研修教員研究報告書』p.135

ちょっと一息

「感覚的アプローチ」とは？

　「感覚的アプローチ」は，あらかじめ運動の仕方を教師が教え，それを児童が学び取っていくというかたちの体育授業ではありません。運動と出会ったときの（動いたときの）「感じ」を重視し，その「感じ」から「気づき」が促され，また，「気づき」から動きを生成していくというかたちの，これからの体育授業を語る上でのキーワードとして用いられています。

　この「感覚的アプローチ」を重視した授業はどのように行われるのでしょうか？　体育館で目の前にドッジボールが用意された低学年の子どもたちを例に考えてみましょう。

　まず，「やってみる」という状況があれば，子どもたちはボールを投げ上げてキャッチしたり，床に突いたりするでしょう。このとき子どもたちは，自分なりのおもしろさを「感じ」ています。教師は，そのおもしろい「動きの感じ」に共感しながら，その動きがうまくできるコツのようなものを子どもたちから引き出せるとよいでしょう。子どもたちの発言を，授業のねらいに沿った動きのポイントへの「気づき」に変え，子どもたちが，自分（たち）が気づいたことを生かして運動に取り組み，運動のおもしろさをさらに深く感じながら，活動を「ひろげ」たり，「ふかめ」たりすることができるようにしていきます。このようなかかわり合いにクラスの子どもと教師が共に参加し，「動く感じ」を出発点とした運動の経験を共有していくことで，ボールを上手に扱える運動が好きな子どもたちを育てていけるのではないかと考えています。

　教師から教えられた運動の仕方が身に付けられるかどうかという，自分と運動がかけ離れたところからスタートしてしまう体育授業ではなく，自分のやってみた「感じ」から運動が立ち現れてくるような体育授業を目指すとき，この「感覚的アプローチ」という考え方を参考にされてはいかがでしょうか。

　　　　　　　　　　　　　　　　　　　　　　　　　　　　（山崎大志）

5 教材開発はこうやって行う！

(1)「感じ」と「気づき」を大切にした教材開発

　本項では「体つくり運動」の教材開発における基本的な考え方を述べます。それを踏まえ，次項以下では低・中・高学年で考えられる教材開発についてさらに具体的に述べていきます。

　「感じ」と「気づき」を大切にした「体つくり運動」の教材開発において最も大切なことは，「子どもたちにその運動のどんな感じを味わわせたいのか」ということを教師が明確に捉えているという点です。

　この点は，従来の教材開発でよく考えられていた「どんな力を付けたいのか？」という視点からの教材開発とは大きく考え方が異なっています。子どもたちにその運動のおもしろい「感じ」を体感させ，「もっとその感じを味わいたい！」と思わせることが，この教材開発の大前提となってきます。まずは，どの子にもこの思いを抱かせることができるようにという，子どもの視点になって考えます。

　そして，実際の授業では子どもの学びの姿を解釈しながら，子どもたちが味わっているおもしろさを共有するきっかけを演出したり，さらに深めていくためのアイディアを提案したりしながら，学びの場を支えていきます。

　今回提案する教材開発は「放任」に見える方もいるかもしれませんが，実際は「放任」ではなく，あえて教師が前面に出ていないのです。前面に出ず，子どもの学びを屋台骨として支えているのです。見えざる手を出し，子どもたちの学びを導いているとイメージしてください。

　授業に際しては綿密な計画を立てることが大切ですが，実際の授業では柔軟な姿勢で臨んでいただきたいです。教師は授業中の子どもの姿や運動のおもしろさに共感しながら，子どもたちを運動のおもしろい世界に誘い込むという重

大な役目を背負っています。そこを念頭に置きながら，授業を行っていただければと思います。

また，指導案はあくまでも「下書き」です。「清書」でもなければ「白紙」でもありません。指導案に縛られるのでもなく，実際の子どもの姿を見て，それに寄り添いながら授業を実践していただければと思います。

それでは，教材開発の流れについて述べていきます。第一に，子どもたちに探求させたいその運動のおもしろさを考えます。ここがこの教材開発の軸になってくるところです。子どもたちの身になって考えます。ときには実際にその運動を行ってみることもよいでしょう。そこで，見えてきたことや感じたことをシンプルに表してください。留意していただきたいことは，できるだけ平易な言葉を使うことです。難しい言葉を使うとかえってわかりにくくなってしまいます。また，あれもこれもと欲ばって考えるのもやめましょう。私はできるだけ，絞って考えるようにすることを心がけております。

次は，子どもたちが動きのおもしろさを「感じる」ための教師の工夫を考えます。これは，先ほど述べた探求させたいおもしろさを「感じる」ための具体的な手立てです。はじめは思いついたことを羅列していってもよいでしょう。その中で，効果的だと思ったものを採用していけばよいのです。また，採用しなかったものも書き残しておくとよいでしょう。もしかしたら，単元の途中で使ってみようかなと思うことがあるかもしれません。

おもしろさを「感じる」ための工夫について考えたら，それを「気づき」として意識化へ促す手立てを考えます。これは発達段階でも変わってきます。子どもたちが運動だけを行って振り返りを行わずに授業が終わってしまっては，子どもが学びの深まりを感じられにくい授業になってしまうでしょう。

そのため，「何がおもしろかったのか？」「どんなふうに行ったからおもしろかったのか？」「どんな感じがしたのか？」などといったことを問いかけ，子どもが振り返るものがあるとよいです。子どもは振り返ることで自分なりに本時の学びの意味づけをしたり，次のめあてにつなげたりします。

ここまで考えると，授業全体のイメージが少しずつできあがってくると思い

ます。あとは，どのようなことを行っている子どもをほめたり全体に紹介したりするのかといったことや，どのような姿が見られたら新たな手立てを講じるのかといった見通しをもつことです。それが第4章の各実践例の学習プランの「4　学びを見取るための視点」（評価規準）になってきます。

　第4章の実践例の視点を参考にしながら，学級の子どもに合ったものを作成してください。それが子どもの姿を具体的にイメージする補助になります。

　このようにして学習プランを考えながら，単元全体の流れを構想していきます。全体を通して軸となってくることは「子どもたちに探求させたいおもしろさ」です。このことに立ち戻りながら教材開発ができると，子どもたちが運動のおもしろさを体感しやすくなるといえるでしょう。

　ところで，「体つくり運動」は小学校1年生から6年生まで全ての学年で行われる唯一の運動領域です。小学校6年間を通して，動きの「感じ」と「気づき」を大切にして授業づくりを行うことは変わりませんが，1年生から4年生までと5・6年生では，授業づくりのスタンスが若干変わってきます。ここからは，1～4年生を前期，5・6年生を後期として捉え，述べていきます。

　まず，前期ですが，第3章のQ＆Aでも述べたように，1～4年生の児童においては，発達の段階から「体力を高める」ことの意義を理解し，このことを直接の目的にして運動することは難しいと考えられます。そのため，1～4年生の「多様な動きをつくる運動（遊び）」では，体力の向上を直接の目的として行うのではなく，楽しく運動しながら，結果として体の基本的な動きを身に付けることが目指されています。この点が小学校の後期と大きく異なる点です。

　小学校前期の1～4年生の児童は，楽しい運動（遊び）に夢中になって取り組んでいくその過程で，運動の仕方を工夫したり，新しい動きを見つけたり，動きのポイントに気づいたりしていきます。そのようにして，結果として基本的な動きが身に付いていくと捉えられます。そうした活動を十分行っていく中で，結果として「体力も養われている」と考えられます。

　一方，小学校後期の5・6年生の児童は，運動に対する認知的な側面が発達してくるという成長段階を踏まえ，「多様な動きをつくる運動（遊び）」で身に

付けた動きや動きの組み合わせをもとに，体力の必要性や体力を高めるための運動の行い方を理解し，自己の体力に応じて体力つくりが実践できることをねらいとしていきます。

こうした考え方の違いに気をつけながら，次項以下の低・中・高学年の教材開発を読んでください。

(2) 低学年

低学年期の子どもたちは，客観的に自分の運動を分析する力が未分化です。また，スキャモンの発育曲線によると，小学校期は神経系統の発達が盛んな時期ではあるが筋肉や循環器などの一般型の発達はゆるやかで，これらは中学・高校期に盛んに伸びると考えられています。そして，神経系統の発達に呼応して小学校中学年から高学年にかけて調整力が伸びるといわれています。筋力もまだ未分化な状態が，低学年期の発達段階の特性と押さえることができるでしょう。

このように，急速に調整力が発達する中学年の時期を迎える前の低学年期の子どもたちには，さまざまな運動を通して，体を動かすおもしろさに出会うことができる授業づくりが大切です。

「多様な動きをつくる運動遊び」では，文部科学省の『小学校学習指導要領解説　体育編』(東洋館出版社, 2008)に「体の基本的な動きを総合的に身に付ける」ことをねらいとして行う運動であると述べられています。これについては，「動きのレパートリーを増やしていくこと」や「無駄な動作を少なくし，動きの質を高めること」(細江ら, 2009)が大事な視点として強調されています。

このような発達段階にいる低学年期の「体つくり運動」の教材開発で重要なことは「いろいろな動きでプレイする」ということです。

低学年期はさまざまな体の動かし方を楽しめる時期でもあり，さまざまな体の動かし方への興味も大きい時期です。したがって，教師にはいろいろな動きが発生してきそうな授業の場づくりの工夫などが求められてきます。

低学年期の「体つくり運動」の単元の導入時は，できるだけシンプルなルー

ルや活動の場を用いて授業をスタートします。当然，教師の説明も必要最低限のものです。子どもたちの「動きたい！」という欲求を満たしつつ，大切なことを伝えるには言葉だけではなく，子どもたちが見てわかるものを提示して話すことも効果的といえるでしょう。

　なぜ単元の導入時にシンプルなルールや場を用いるのかというと，シンプルなほど子どもたちの創意工夫の余地が大きいからです。はじめからつくり込まれていると，子どもたちの創意工夫の余地が入り込みにくいものです。皆さんも想像してみてください。大がかりにつくり込まれたディズニーランドのようなところに行くと「もっとこういうふうにするといいのだけどなあ」と思うことは少ないかと思いますが，近所の公園だと「もっとこういうふうにするといいのだけどなあ」という思いが大きいと思います。それと同じなのです。

　はじめから，つくり込まれたものを見せられると，なかなかそれをくずしたり，そこから離れたりすることが難しいものです。教師としてのアイディアはもっていると思いますが，それははじめから前面に出しすぎることは控えていたほうがよいようです。

　それよりもむしろ，子どもたちの学びの様相を見ながら教師のアイディアを出していくほうが，子どもにとっておもしろい授業になると思います。そのようなスタンスで授業を行っていると，より子どもの学んでいる姿を見るようになりますし，教師自身のアイディアを精査するきっかけにもなります。

　このようにして，子どもの思いと教師の思いが乖離するようなことがないように授業を進めていくとよいと思います。

　低学年期は，「○○屋さんごっこ」といったワークショップ形式の学習を特に好みます。ワークショップ形式の学習により，友だちがつくった遊びを楽しむ活動を通して，自分たちのグループでは味わえなかったおもしろさを味わうことが期待できるでしょう。

　しかし，低学年期のワークショップ形式の学習で留意したいことは，子どもたちに「何がテーマになっているのか？」ということを意識させることです。これは年齢が低いほど，おもしろさに引っ張られ，テーマからそれてしまうこ

とが危惧されます。

　教師としては，授業中にテーマへの揺り戻しを特に意識する必要があります。どのようにして，本来ねらいたいことへ子どもたちの意識を揺り戻していくのかということです。これを教材開発する際にイメージしておくとよいです。

　テーマへの揺り戻しの手立ては，教師の発問，称賛，紹介，参加などが考えられます。これをどのように行うのかといったことを具体的にイメージできていると，うまく子どもたちの意識をテーマへ揺り戻していけると思います。

　ところで，授業の基本的なスタンスは，「プレイ」です。まずは子どもたちを運動のおもしろい世界に誘うことです。子どもたちが夢中でプレイしていると自然と挑戦課題を難しくしてきます。挑戦課題が難しくなってくると，体を動かす所作も洗練されてきます。これはごく自然なかたちで子どもたちの中から発生してくることがあります。

　なかなか発生してこないようでしたら，それはプレイが足りないのです。もっともっと，子どもたちをその運動のおもしろい世界に誘うのです。そのリーダーは教師が務めてよいのです。なかなか思うように学びがひらかないグループがあったら，率先して教師がそのグループの活動に参加してください。そこで意図的に教師がもっているアイディアを行動で見せたり，言葉で提案したりしてもよいのではないでしょうか。それが臨機応変に授業中にできるかどうかは，はじめのプランニングにかかっています。つまり，教材開発のときに，どのように子どもの学びの姿をイメージしておくかということです。そのイメージができていれば，授業中に教師の参加を通して子どもの活動を変えていくことができることでしょう。そこにも，教材開発の重要さがあります。

(3) 中学年

　中学年の子どもたちは，「筋の調整力が著しく発達し，また認知的理解も進みルールに従った運動ができるようになるため，少しずつ複雑な運動に挑戦し，運動が意識的に制御できる」(立木ら，2009)ようになるといわれています。

　したがって，低学年期のころの学習を生かし，さらに複雑な運動への挑戦が

考えられるでしょう。しかし，認知的な高まりがある中学年期とはいえ，認知的な学習が前面に出てくるような授業は避けたいものです。高学年期に比べこの時期の子どもたちは，自らの運動を客観的に考え行動に移していく力は未分化だからです。

　急速に調整力が発達する時期を迎える中学年期の子どもたちには，主に体を巧みに動かすことに向けて働きかけることが望まれます。したがって，低学年期と同様に，さまざまな運動を通して，体をいろいろに動かすおもしろさに出会わせることが大切となってきます。例えば，なわ跳びを行うとします。なわ跳びには，さまざまな回し方や人数を増やした楽しみ方があります。限られた跳び方に固執させるのではなく，さまざまな跳び方で楽しむ中で，なわ跳びならではのおもしろい「感じ」に出会わせたい時期です。

　発達段階の特性上，子ども同士でぶつかり合うことも多く見られることでしょう。しかし，これをマイナスに捉えるのではなく，体育の授業だからこそ「感じる」ことを大切にして，体を動かし，友だちと取っ組み合って自分たちの活動をさらにおもしろくしていくような学習を大切にしたいものです。

　「体つくり運動」の動きのおもしろさに出会い，そこで友だちとさらに活動をおもしろくしていくというプロセス，それ自体に教育的価値が大きいのです。

　中学年で求められるものは，体をさまざまに動かすことにプレイをさせ，それをもとにグループごとに創意工夫させていくという考え方です。

　認知面の発達と既習経験から，中学年の子どもたちは，低学年のころより一層，場をダイナミックに変えるようになるでしょう。場を変えることで動きもまた複雑になっていくと思います。その複雑になっていく過程に，体をさまざまに動かす「感じ」のおもしろさや技能といったことが埋め込まれていることでしょう。ここで留意していただきたいことは，テーマに沿っているかということと，活動の安全性です。

　低学年の項でも述べたように，子どもたちに創意工夫させて活動させる場合に最も気をつけたいことは，テーマとのかかわりです。「子どもたちにとってやりたいことであれば何でもよい」というものではありません。教師の意図が

あり，授業が構成されているのですから，子どもたちにテーマを意識させていく必要があります。したがって，子どもたちにテーマを意識させるにはどのような手立てを講じていくのかというプランがなければなりません。

例えば，テーマに沿った活動をしているグループを紹介したり，よい動きや工夫を称賛したり，「どんな感じがするか？」などと発問をしたりしながら，子どもたちの意識をテーマへ揺り戻していきます。授業におけるテーマは，その運動のふれさせたいおもしろさとつながっているものなので，テーマに沿うということは，すなわち，ふれさせたいおもしろさにつながっていくことだと考えられます。

また，活動の安全性については，なによりも子どもの動きをよく見ることが大切です。活動が盛り上がってくるほど，危険な動きも現れてきます。子どもの活動を教師はどこまで許容し，どこからは危険と判断し修正させていくのかということを見極めながら，授業を展開していくことが求められます。

中学年は，動きの「感じ」をより実感できるようになってくる発達段階にもなってきます。そこで，「何がおもしろかったのか」「どんなふうに行ったからおもしろかったのか」「どんな感じがしたのか」などといったことを振り返る機会を設け，「気づき」を促していきたいものです。

この「気づき」によって，自らの運動に意味づけしたり，次時へのめあてをもったりします。ここに「感じ」と「気づき」が行ったり来たりする「往還関係」ができ，「感じ」と「気づき」が往還することによって，場が複雑になったり，動き方が変化したりします。結果として，体を動かす所作が洗練されてくると考えられます。

当然，ノープランでこのようなことを目指すことはできません。教師が見通しをもち，テーマへどのように揺り戻しながら子どもたちの学習を展開させていくのかというイメージがなければ，うまくいかないのはいうまでもありません。

一般的に，授業の終末に「気づき」を促す教師からの働きかけが考えられますが，終末だけではなく，活動の中に教師がどんどん参加し，発問して子ども

たちに「気づき」を促していきたいものです。

　実際に筆者は、子どもたちの活動に参加し、共に体を動かしながら、子どもに発問したり、自分の感想を述べたりしながら「気づき」を促していきます。何か学習カードのようなものに子どもたちが書くことで「気づき」を促すという方法もあるかもしれませんが、それよりは、動いて「気づき」を促すという方法をよく実践しています。例えば、授業の終末に子どもを集めたときに、その授業のテーマに関する問いを発し、振り返らせます。振り返りが終わったら、もう一度、自分の「気づき」をもとに子どもたちが動いて終わらせるようにしています。

　このように、もう一度、自分たちの活動の場へ戻り、いちばん自分がおもしろいと感じたことを動いてみて、自分の学びをまとめるということが考えられます。実際に筆者が授業で行ったことは、子どもたちを集合させたときに「どんな動きをしたときに、ハラハラドキドキするおもしろさを感じたか」ということを問いました。子どもたちは息を整え、目を閉じて振り返りをしました。じっくりと自分の体に問いかけるような時間です。その後、「もう一度、自分が感じたことをもとに動いてみて、まとめよう」と声かけをして活動させることで、自分たちの学びをまとめさせました。

　このようなまとめをすることで、動くことを通じて子どもたちは本時の自分たちの学びをまとめ、次時への活動の意欲につながっていくように感じています。

(4) 高学年

　小学校後期の5・6年生の児童は、運動に対する認知的な側面が発達してきます。この時期の子どもたちは、事物を言語記号によって把握したり、表現したりすることが可能になってきます（東根、2007）。したがって、言葉を通して他者と交流することがより有効になってくる時期といえます。

　また、低学年の「多様な動きをつくる運動遊び」や中学年の「多様な動きをつくる運動」で身に付けた動きやその動きの組み合わせをもとに活動できるよ

うになってくることが予想されます。

　子どもたちには，既習の動きを土台として，体力の必要性や体力を高めるための運動の行い方を理解し，自己の体力に応じて体力つくりが実践できることをねらいとして，授業に参加させていくことが求められます。強調しておきたいことは，体力の向上を直接の目的として行いますが，限られた時間では，体力そのものの向上は難しいと考えられます。そのため，体力の高め方について，運動を通して学んでいくということがより大切になってきます。

　授業づくりに際しては，授業を行う子どもたちにどのような既習経験があるのかということを見極める必要があります。いわゆる実態把握と呼ばれるものです。通常の単元構成では，1時間目にオリエンテーションを行います。ここでは，授業のねらいや行い方などを伝えますが，子どもたちの実態が把握できていない場合（担任持ち上がりの学級でなければ，多くの場合は事態把握が不十分な状態といえます）は，子どもたちの動きと志向性を見るための時間となります。

　単元がスタートするまでに教師が立てた学習プランは，あくまでも机上の空論でしかありません。目の前で動く子どもたちの姿を見て，はじめてその志向性などがわかるものです。第1時間目の子どもたちの姿を見て，柔軟に単元構成を修正する心構えがあることが望ましいといえます。

　子どもたちにとって運動する意味をもって参加するためには，子どもたちの実態と教師のやりたいことをすり合わせていく必要があるからです。教師にとっても，子どもたちの姿から「感じ」，「気づく」ことが大切になります。

　高学年の子どもたちにとっても，活動を思いきってプレイすることや，自分たちの活動を創意工夫して広げていくことは，中学年までと同様に重要です。そして，行う運動の「ふれさせたい動きのおもしろさ」を重視し，それに向けての教師の工夫が求められることは，大前提となります。それに加え，中学年までと違い，これからの生活の中で自分の体を見つめ，運動を実践していく実践者を育てるという視点が加わってくるのです。

　筆者が高学年の「体つくり運動」を実践している中で，高学年だからこそ重

視していることは,「認知面」へのつなぎです。「感じ」と「気づき」を大切にして授業を展開していることは中学年までと同様ですが,「気づき」を認知面へと向けていくように心がけます。それは,高学年の「体つくり運動」においては体力の向上が直接目指されている以上,特有の性格です。

　子どもたちが運動を通しながら自分の体力に関心をもち,自分の体力に応じて運動に取り組めるようにしていきたいものです。例えば,求められる領域の活動に対して,自分たちで知恵を出し合い,運動のおもしろさを中心としながら,自分たちで運動を構成していく活動です。

　子どもたちは知的側面から求められる運動領域の活動を考えていきます。教師はどのような活動にしていきたいのかという見通しをもちながら,子どもたちの動きを見取り,よりよい活動へ誘っていきます。そのため,どのような「感じ」を味わわせたいのか。そのためにはどのような動きを発生させるのか,といった授業のイメージをもっておくことが求められます。

　ここでは,子どもたちに「今,テーマとして求められている運動は○○を高める運動だから△△しよう」というように,認知的に理解した上で場づくりに取り組ませたいものです。言葉を介してのコミュニケーションが巧みになってくるこの時期は,これまで以上に,子どもが活動をつくっていくことの比重が大きくなってきます。この時期だからこそ,自分たちで自律的に学習を組織していくことができるでしょう。

　ただし,子どもたちに任せっきりではなく,教師がそれとなく,子どもたちの活動を教師が求めたい方向へ導いていくことが大切です。これは,テーマをどのように提示していくかということと深くつながっています。

　例えば,子どもたちにテーマを意識させた上で,それぞれのグループで異なる領域の体力を高めるための運動をつくり,それを子ども相互に交流し,「感じ」を共有するということも可能です。そして,そこから「気づき」を促すことを心がければ,学習は広がりを見せてきます。それが,「感じ」と「気づき」を大切にした授業づくりではないかと考えています。

　「体力を高める」ことが学習指導要領の高学年の目標・内容として示されて

いるのをみると，トレーニング的な学習を想起される方もいるかもしれませんが，高学年の「体つくり運動」は，決してそのような性格のものではありません。むしろ，『小学校学習指導要領解説　体育編』(p.14)でも述べられていますが，単調なトレーニングに陥らないように，子どもの興味・関心を大切にしながら授業づくりを行っていきたいものです。

　教師は認知的な側面を意識できるように手立てを打つのですが，ここで気をつけたいことは，「世の中の○○の平均値」のようなものをいきなり子どもに提示しないことです。なぜなら，その数字はあくまでも「世の中」のものであって，子どもにとっては遠い世界の「世の中」の数字と意味づけられるからです。ここで数値を問題にするのであれば，子どもにとって「私（たち）の」数値が求められるでしょう。つまり，子どもにとって，その数値を自分たちのこととして捉えることができるものということです。そうでなければ，ただの数値でしかないでしょう。個に寄り添った，その子にとっての意味をもつ数値を，各授業者が工夫を凝らして子どもたちに提示できればと思います。

　高学年では，動きのおもしろさにもふれ，さらに運動の行い方も理解しながら，結果として，体力の向上にも結びついていくような教材開発が求められてくるといえるでしょう。

（成家篤史）

〈引用・参考文献〉
東根明人（2007）「体つくり運動を低学年から扱うことの意義とは」『体育科教育』5月号，大修館書店，pp.22-25
細江文利・池田延行・村田芳子・立木正・松田恵示・水島宏一・中村康宏編著（2009）『小学校体育における習得・活用・探求の学習　やってみる　ひろげる　ふかめる』光文書院，pp.20-21
岩川直樹（2000）『総合学習を学びの広場に』大月書店，pp.95-98
立木正・新開谷央・菊幸一・松田恵示編（2009）『小学校　体育科授業研究　第三版』教育出版，pp.12-18
文部科学省（2008）『小学校学習指導要領解説 体育編』東洋館出版社

6 「体つくり運動」における指導上の留意点5か条！

> その1　結果としての数字にとらわれないようにしよう！
> その2　「できない」ことを重視した学習観をもとう！
> その3　動きの心地よさを大切にした指導をしよう！
> その4　「獲得」ではなく「生成」を目指した教材づくりを心がけよう！
> その5　集団的実践になるように学習形態を工夫しよう！

その1　結果としての数字にとらわれないようにしよう！

　発達の個人差が大きい小学生期において，子どもたちを一つの尺度だけで価値判断していくことは大変危険です。また，結果の高低に動機づけを求めても，徐々に内発的動機づけが低下するというアンダーマイニング現象も危惧されます。「体つくり運動」，特に「体力を高める運動」「多様な動きをつくる運動」では，記録に代表される結果ばかりに注目した指導には十分気をつけるべきです。他者との比較によって価値判断するようなことも避けるべきです。

その2　「できない」ことを重視した学習観をもとう！

　私たちは運動することが，なぜ楽しいのでしょうか？　それは，「できない」という世界の中で，試行錯誤していることが楽しいのではないでしょうか？　その「できない」という世界が，「できる」ということを重視した指導を通して徐々に価値を低め，「できない」ということに対して恐怖感さえもってしまう子どももいます。「できない」を大切にした授業になることで，子どもの学びも大きく変化すると思います。

その３　動きの心地よさを大切にした指導をしよう！

　中学校２年生女子で体育嫌いが増加する，という調査結果が報道されたことがあります。私たちの調査でも同様の結果が明らかになっています。その調査の中で，この時期になると「運動が苦手」＝「体育の評価が低い」と，「体育が嫌い」というように回答する傾向にあるようです。一方で，「運動が苦手」でも「体育が好き」と回答した群がありました。それは，小学校期に運動の心地よさを味わっていた子どもたちです。持久走嫌いなどがよくいわれますが，持久走という経験を通して，子どもたちは心地よさではなく，苦しさを感じてきたのではないでしょうか？

その４　「獲得」ではなく「生成」を目指した教材づくりを心がけよう！

　皆さんは，どうやって言葉を学習しましたか？　思い出してみてください。それでは，言葉を教えてくださいと問われたらどうでしょうか？　そのように問われたとたん，単語，発音，文法……等ということが頭に浮かぶのではないでしょうか？　これは，学びが分断化した例であるといえます。もっともっと，「かかわりの中で生まれる」という視点を大切にしていく必要があります。焦りすぎず，子どもと一緒に考えていくという，子どもの立場からの教材づくりが大切です。

その５　集団的実践になるように学習形態を工夫しよう！

　「体つくり運動」の実践は，とかく個に還元されがちです。しかし，このような実践を集団的な実践から捉え直したいものです。つまり，個人が黙々と活動して学ぶのではなくて，仲間と協働して問題状況を解決しながら，動き方を広げたり，体力の高め方を学んだりするといった考え方です。そのためには，学習活動時の人数の工夫や学習環境の工夫が必要です。同時に，子ども側の意思決定ができる可能性を残しておくことも重要です。そのことによって，子どもたちは異なるアイディアをシェアすることができるからです。　　　（鈴木直樹）

　　　　　　　あ と が き

　本書は，読者の方々に，授業づくりの「づくり」の部分，つまりプロセスがイメージしやすくなるように工夫しました。そのために，できるかぎり，授業を実践する先生方が授業づくりをするときの意識と本書の流れを一致させることに心がけました。したがって，読者が授業を実践しながら，本書を参考にしていただくことで，それぞれの授業改善に向けての自分なりの問題解決を導く手がかりを提示することができると確信しています。

　また，本書は，「理論的なことを踏まえて実践をする」という授業づくりではなく，「実践の中にある知を授業づくりに生かす」というスタンスで書かれています。したがって，繰り返し第1章から第5章までを読み返していただくことで，それらの内容が点から線となり，さらに線が面となるように，理解を深めていただけるのではないかと思います。繰り返しお読みいただき，活用していただけることを願っております。

　ところで，私（成家）は，本書の共編者である鈴木直樹先生と出会って5年が経ちます。当時，公立小学校に勤務していた私は，働きながら大学院に通っていました。そこで受講した鈴木先生の授業では，これまで私が信じて疑わなかった「つよく，はやく，たかく」という体育授業の信念を根底から揺さぶられたことを，今でも鮮明に覚えています。その後，講義を受けていく中で，これまでの私の体育授業に対する信念は完全に覆されることになりました。そのときに実践研究として取り組んだのが，「関係論」的な学習観に立つ水泳授業でした。この水泳授業は，子どもたちが「水の不自由さ」を探求していくことをテーマにして行った授業です。授業で大切にしたことは，水がもつ「浮力」や「抵抗」などといった特性を子どもが体全体で感じ，さらに水のおもしろさを味わうために「参加」のありようを変化させていくことです。この実践を通して，「感じ」と「気づき」を大切にした授業づくりの重要性と可能性を見出

しました。

　この授業は鈴木先生だけでなく，同じく本書の編者である細江文利先生も参観してくださいました。このときの授業後の話し合いがきっかけとなり，動きの「感じ」と「気づき」へ注目した授業づくりが目指されていきました。その後，このテーマにこだわって取り組み続けて研究を行い，仲間を増やしながら実践を行ってきた集成が，本書です。

　それゆえに本書は，多くの実践者との協働の場にもなりました。直接会ったり，電話やメールでコミュニケーションをとったり，原稿を読み合っていく中で，よりよい体育授業を目指し，切磋琢磨し，知恵を出し合って取り組んでいくコミュニティが形成されていったように思います。

　書籍づくりを通して多くの方と出会えたことは，私にとっての財産になりました。そして，私と同様に，本書が読者の皆さまにとって素敵な出会いとなれば，編者としてこの上ない喜びです。

　本書の完成を間近に控えた今，最終確認のゲラを眺めていると，平成22年11月に急逝された細江先生のことが思い出されます。本書の編者会議のため細江先生が私の勤務校にお見えになった時のことです。本書作成にあたっては，実践執筆者と編者が事前に綿密に打ち合わせを行い，コンセプトを共有してから授業づくりを行うことや，実践執筆者が自由度をもって子どもの学びの様子を報告ができる形にするという構想を，鈴木先生が話しました。その場で細江先生はさまざまな意見を述べた後，「いや～，この本はすごいよ。出るのが楽しみだな～」と笑いながら何度もお話しされていたことを，今でも覚えております。

　私にとって，細江先生は著書や授業研究会などを通して大きな影響を受けてきた研究者であり，雲の上の存在として憧れていました。そのような細江先生との初めての書籍づくりが最後の書籍づくりになってしまったこと，本書が細江先生の遺作になってしまったことが，残念でなりません。本書が多くの方に読まれ，明日の体育授業がひらかれていくことを，細江先生も望んでいると思います。

あ と が き

　目を閉じると，細江先生の人間愛に満ちた言葉が今でも胸に響いてきます。「いま‐ここ」を大切にされた方です。きっと今もどこかで「いま‐ここ」を大切にされているのではないでしょうか。

　なお，本書では，授業実践者の目線からの作成を心がけているため，多くの場面で現職の先生方のご協力をいただいて作成いたしました。以下の先生方の協力によって，よりよい書籍の内容となったことを，この場を借りてお礼申し上げます。

〈校正等協力者の先生方（敬称略）〉

　　石 黒 友 昭（板橋区立前野小学校）

　　市 川 宗 典（坂戸市立泉小学校）

　　岡 崎　　拓（東松山市立唐子小学校）

　　笠原 いずみ（板橋区立前野小学校）

　　斉 藤 伸 之（川越市教育委員会教育センター）

　　田 中 涼 子（三原市立西小学校）

　　山 田 健 嗣（尾道市立向東小学校）

　最後になりますが，本書の編集にあたっては教育出版の阪口さんに大変お世話になりました。こだわって作成してきた書籍だけに編集会議も多く，執筆者も多く，編集にあたっては大変な負担をかけたと思います。通常の書籍づくりよりも時間のかかる編集に頭を悩ませてしまったのではないかと心配しています。そんな心配とは裏腹に，阪口さんが積極的にかかわってくださり，読者の目線で常にアドバイスをしてくださったおかげで，本書は，自信をもって世に送り出すことのできるものになったと思います。心より感謝申し上げます。

（編者：成家篤史）

動きの「感じ」と「気づき」を大切にした
体つくり運動の授業づくり

2011年4月11日　初版第1刷発行

編　者ⓒ　細江文利
　　　　鈴木直樹
　　　　成家篤史

発行者　小林一光

発行所　教育出版株式会社
　　　　〒101-0051　東京都千代田区神田神保町2-10
　　　　電話（03）3238-6965　　振替 00190-1-107340

Printed in Japan	組版　シーガーデン
落丁・乱丁はお取替えいたします	印刷　神谷印刷
	製本　上島製本

ISBN978-4-316-80229-9　C3037